COMMON BUT DIFFERENTIATED RESPONSIBILITIES
AND INTERNATIONAL CLIMATE CHANGE LEGAL REGIME

"共同但有区别责任"
与气候变化国际法律机制

季　华◎著

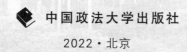

中国政法大学出版社

2022·北京

图书在版编目（CIP）数据

"共同但有区别责任"与气候变化国际法律机制/季华著.—北京：中国政法大学出版社，2022.11

ISBN 978-7-5764-0730-3

Ⅰ.①共… Ⅱ.①季… Ⅲ.①国际环境法学－研究 Ⅳ.①D996.9

中国版本图书馆 CIP 数据核字（2022）第 218512 号

出　版　者	中国政法大学出版社
地　　　址	北京市海淀区西土城路 25 号
邮寄地址	北京 100088 信箱 8034 分箱　邮编 100088
网　　　址	http://www.cuplpress.com（网络实名：中国政法大学出版社）
电　　　话	010-58908586(编辑部) 58908334(邮购部)
编辑邮箱	zhengfadch@126.com
承　　　印	北京中科印刷有限公司
开　　　本	880mm×1230mm　1/32
印　　　张	7.375
字　　　数	220 千字
版　　　次	2022 年 11 月第 1 版
印　　　次	2022 年 11 月第 1 次印刷
定　　　价	49.00 元

序 言
PREFACE

　　"共同但有区别责任"是国际环境法的基本原则之一，也是学界讨论较多的法律问题之一。该原则的提出主要为了弥合发达国家与发展中国家在全球环境治理进程中有关国际法律义务分担不均的分歧。然而近些年来，多数发达国家已经明确表示反对该原则的存在。2015 年通过的《巴黎协定》，关系到发展中国家与发达国家在承担气候协定规定的法律义务及相关机制是否等同的问题，这也使得该原则再次成为国际环境法领域争论的焦点。

　　本书以我在北京大学攻读法学博士学位时的毕业论文为雏形，在其基础上修改而成。本书并未从整个国际环境条约层面考察"共同但有区别责任"原则，而是将研究视角聚焦于气候变化领域，因为该原则在有关气候变化国际法的理论与实践中均丰富于其他国际环境法。本书主要从四个方面对"共同但有区别责任"原则进行论述。其一，从公平与区别待遇的角度，论证该原则的国际法理论与基础；其二，通过气候变化国际法相关法律文件，讨论该原则的内涵、要素及内部关系；其三，从条约实践入手，揭示气候变化国际实施机制如何体现该原则；其四，根据国际组织的实践，认为"人均排放"和"经济发展水平与阶段"构成该原则的区分标准，并提出国际环境责任的公平分担根本上要解决"需要"与"比例"两大问题。

　　本书的完成，得益于北京大学和德国马克斯·普朗克比较公法与国际法研究所提供了理想的研究条件，也得益于我的任职单位提供的工作条件。我的导师，北京大学国际法研究所宋英教授不仅在专业方面给予我耐心与细致的指导，也在生活方面给了我很多的关怀与照顾。即便在我完成学业后，恩师仍在学术资料获取方面给了我很大的支持与帮助。此外，北京大学国际法研究所的其他老师，包括在职和荣休的，如饶戈平教授、李鸣教授、白桂梅教授、易平副教授、陈一峰副教授等，均在我日常研究和论文写作过程中给予我很多具体的指导与帮助。在此我深表谢意。

我还要感谢德国马克斯·普朗克比较公法和国际法研究所所长安娜·彼得斯教授，使我有机会三次奔赴德国海德堡从事学术研究。该所丰富的学术资料及优秀且多样化的学术氛围、海德堡令人如痴如醉的山水美景和友好的社区生活值得我一生回味。我在写作过程中也受到诸多朋友和研究机构的指点和帮助，中国社会科学院大学法学系陈晓华老师和哥伦比亚波哥大大学副教授 Yadira Castillo 为我部分章节内容的写作提供了帮助；联合国气候变化框架公约秘书处的工作人员就"缔约方立场"有关资料提供了协助；德国马克斯·普朗克比较公法和国际法研究所、德国国家发展研究院的同行们对本书的部分观点也提出了有价值的意见。

"共同但有区别责任"是个较为复杂的国际法律问题，是中国等发展中国家在环境治理领域最关注的问题之一，也是个不断发展的国际法律问题。"共同但有区别责任"已经不仅仅在气候变化领域内发展。2017 年 8 月 16 日生效的《关于汞的水俣公约》已明确将"共同但有区别责任"纳入该公约的原则。法国发起的《全球环境公约》倡议文本中也将"共同但有区别责任"纳入全球环境治理的一般原则。"共同但有区别责任"能够在其他领域的国际环境条约得到确认，一个重要的原因是其符合全球环境的公平治理理念，符合处于不同发展阶段国际社会成员的期待。

付梓之时，反复推敲，诚惶诚恐。真诚希望本书对"共同但有区别责任"的研究对国际环境法学界是有益的。由于本人精力与研究深度有限，漏洞与疏忽实属难免，若能得到专家同行的指正实为幸事。

本书在研究过程中得到了北京大学研究生院、北京大学国际法研究所、北京大学欧洲研究中心与德国马克斯·普朗克学会的经费支持。本书的出版得到了外交学院的经费支持，并得到了中国政法大学出版社的帮助，在此一并感谢。

季　华

2021 年 5 月于外交学院

前 言
PREFACE

　　"共同但有区别责任"本质上属于国际法的"公平"问题。确切地说，其属于国际环境条约义务的公平分担问题。"共同但有区别责任"指的是在实现共同环境目标的同时，各国依据各自的社会经济状况和对环境造成损害的程序承担不同的义务。"共同但有区别责任"是气候变化国际法领域独特的法律原则。

　　1992年《联合国气候变化框架公约》是第一份明确将"共同但有区别责任"纳入公约一般原则的国际环境条约。依照该原则，公约设立的缔约方大会确立了发达国家和发展中国家承担不同条约义务的国际法律实施机制。与"共同但有区别责任"相关的法律机制在1997年《京都议定书》和2015年《巴黎协定》中得到了坚持和发展。气候变化国际条约文本对"共同但有区别责任"的表述较为抽象，使得理论界对该原则的解释莫衷一是。"共同但有区别责任"中的"责任"是什么性质的责任？"共同责任"和"区别责任"各自的内涵是什么？"共同责任"和"区别责任"的关系是什么？这是本书在理论层面需要解决的三个问题。在实践领域，气候变化国际法律机制是如何实施"共同但有区别责任"的？2015年《巴黎协定》提出的"不同国情"的含义是如何被缔约方解释的？"共同但有区别责任"的责任区分标准是什么？这是本书在实践层面需要解决的三个问题。

　　本书借助实证分析、归纳分析和比较分析的方法，从"国际法公平"和"国际法区别待遇"入手，通过考察国际条约、缔约方在历届多边气候谈判确立下的报告和决议及学界研究，探索"共同但有区别责任"及其在气候变化国际法律机制的实际运作，阐述其核心概念、本质及区分表现、区分标准问题。

经过本书考察和论证，得出如下结论：(1)"共同但有区别责任"中的"责任"有两个含义：环境伦理上的责任和实在法上的义务。该原则所指的"责任"并非国际法次级意义上的"责任"；"共同但有区别责任"的本质是国际环境法律义务的公平分担。(2)"共同责任"指的是国际社会对全球共有问题的共同管理和共同应对义务。"区别责任"指的是各国对全球共有问题的产生和应对能力、国情有别承担有差别的义务。(3)"共同责任"是"区别责任"的前提和目的，"区别责任"是实现"共同责任"的路径。(4) 2015年《巴黎协定》中"不同国情"这一概念在1995年第一届和1996年第二届联合国气候变化大会上分别得到缔约方大会的确认和阐释。(5)"共同但有区别责任"在气候变化国际法律机制中呈现出一系列的责任区分制度。责任区分制度集中体现为"核心减排义务"机制、"资金、技术和能力建设"的机制和"考虑发展中国家特殊情况"机制。(6)"共同但有区别责任"的区分标准为人均排放量标准和经济发展水平和阶段标准；另外，气候变化国际法律机制并没有设立"关注发展中国家的具体需要"的特殊机制。

目 录

CONTENTS

第一章
导　论

◆◆◆

"所有动物都是平等的，但有些动物比其他动物更平等。"

——［英］乔治·奥威尔　《动物庄园》

"只有当平等的人占有或分得不平等的份额，或者不平等的人占有或分得平等的份额时，才会发生争吵和抱怨。"

——［古希腊］亚里士多德　《尼可马克伦理学》

　　20世纪70年代至90年代是国际社会开展全球环境治理重要的二十年。在这段时间里，1985年《保护臭氧层维也纳公约》规定的不同缔约方承担差别化的环境义务体现了"共同但有区别责任"；1992年《联合国里约环境与发展宣言》这一影响深远的国际环境文件将"共同但有区别责任"明确确立为一项国际环境法原则，该原则在1992年《联合国气候变化框架公约》等多边环境条约中得到了继续发展。从时间节点上看，与国际法传统领域如战争、人权、外交等相比，国际环境法发展较晚，但却成为国际法诸多领域中发展最迅速、内容广泛且极具特色的分支。但赋予国际环境法以"迅速""广泛"和"特色"并不能准确揭示其有别于其他国际法分支的特点。国际社会中，国与国发生关系通常基于对等性或互惠性，而国际环境条约规范和实践通常基于非对等性或非互惠性。国际法上的对等性指的是在两个或两个以上国家的关系中，一国给予他国或者对他国的行为以他国的给予或行为为前提。[1] 对等性不仅在国际法规范的制定中发挥着作用，也在一定程度上有利于国际法的遵守，比如国际条约中权利义务的对等、对违反国际法义务实施反措施等，对等性是对国际法主权平等的直接反映。国际环境条约为什么要以"非对等性"为主要特征？广泛的参与性和参与能力的不均衡性是主要原因。从全球环境的治理角度来看，各国社会经济水平的差别、具体国情的不同及对环境造成影响的历史贡献不同给严格遵循一般国际法上的对等性带来了困难。假使让所有国家承担统一且高标准的国际环境法义务，显然经济发展水平低、应对能力弱的国家将无法完全实现条约规定的目标。国际环境法领域中的"非对等性"给国际环境规范机制带来了一个特别现象即国际环境法中的"区别待遇"。区别待遇是法实现公平公正目标的调节手段。国际环境条约对区别待遇的体现在于赋予"共同但有区别责任"以原则的高度，并以此为基础制定规范、设立机制。

"共同但有区别责任"指的是在实现共同环境目标的同时，各国依据各自的社会经济状况和各自对环境造成损害的历史贡献承担不同的义务。[2] 作为国际环境法的一般原则，"共同但有区别责任"为处于不同发展阶段和拥有不同资源的国家开展全球环境治理奠定了合作和对话的基础；"共同但有区别责任"也是一项至关重要的法律逻辑，其不仅体现了国际法集体主义，也强调了国际责任的公平负担和各国资源的合理再分配。对

---

[1] Bruno Simma, "Reciprocity", 2008, 载 http://opil. ouplaw. com/view/10. 1093/law：epil/9780199231690/law - 9780199231690 - e1461？rskey = KssFIu&result = 1&prd = EPIL，最后访问日期：2017 年 3 月 6 日。

[2] Ellen Hey, Sophia Paulini "Common but Differentiated Responsibilities", 载 http://opil. ouplaw. com/view/10. 1093/law：epil/9780199231690/law - 9780199231690 - e1568？rskey = Krs7Q2&result = 1&prd = EPIL，最后访问日期：2021 年 3 月 6 日。

"共同但有区别责任"的考察实质上不仅是对环境和发展领域中国际法区别待遇的研究，更是对国际法如何实现公平、公正和合理这一国际法本质的探索。

"共同但有区别责任"在诸如大气、水等国际环境法诸多分支中都有体现，尤其在气候变化国际法领域体现得最丰富与最典型。迄今为止，气候变化国际法领域有三个极为重要的国际条约，分别为1992年《联合国气候变化框架公约》、1997年《京都议定书》和2015年《巴黎协定》。这三个气候条约以《联合国气候变化框架公约》为核心，《京都议定书》和《巴黎协定》围绕《联合国气候变化框架公约》确立的基本机制，依照不同的"减排承诺期"确定不同且具体的条约目标和缔约方义务，逐步推进实现控制温室气体排放的目标。[1]这三个条约均以"共同但有区别责任"为原则，并以此为国际社会开展气候变化国际合作和国内行动奠定了法律基础。这些法律基础不仅包括具体的法律规范，比如减排目标、应对和减缓行动等；也包括具体的实施机制，比如资金和技术机制、能力建设机制等。"共同但有区别责任"是恒久和至高的，其恰如"穹顶"覆盖在气候变化国际法规范和实践的始终。"共同但有区别责任"是常新和变化的，在近五十年的发展历程中，该原则从理念走向实践，从抽象走向具象。"共同但有区别责任"在国际环境法领域的"开枝蔓叶"为国际法如何实现从形式平等走向实质公平、主权平等和差别待遇平衡、国际法治理模式的调整提供了一个极佳的研究视角。笔者将以"'共同但有区别责任'与气候变化国际法律机制"为题，探究气候变化国际法规范和实

---

〔1〕 这三个气候国际条约的关系为：签署、批准《京都议定书》和《巴黎协定》的缔约方必须首先是《联合国气候变化框架公约》的缔约方。参见《京都议定书》第24条第1款和《巴黎协定》第20条第1款。

施机制如何体现和实施"共同但有区别责任"？气候变化领域中"共同但有区别责任"体现的区分标准是什么？

一、研究背景

2015 年新的气候变化协议——《巴黎协定》在《联合国气候变化框架公约》第 21 次缔约方大会得以通过，并于 2016 年 11 月 4 日在超出 100 个缔约方内生效。[1] 在国际法的发展过程中，一项新协议的缔结和生效并非十分新鲜的国际法事件。那么，为什么《巴黎协定》能够在国际社会和国际法学界引起持续的讨论？究其原因至少有三个：其一，该协定填补了 2020 年后气候变化国际法规范的空白，为全球气候治理奠定了新的法律框架；其二，该协定坚持和发展了 20 世纪 90 年代在气候变化领域确立的"共同但有区别责任"原则，并且有了新的表现方式和实施路径；其三，该协定暂时缓和了发达国家和发展中国家在气候治理方面的基本分歧。

（一）"共同但有区别责任"本质上属于国际环境法上的区别待遇

国际法是平等主权者之间的规则，这说明国际法规范应平等适用于国际法主体，国际法主体平等地享有权利并承担义务，即国际法的形式平等。但各国因资源、财富、军事力量、人口等因素的不同，在能力上也有强弱之分，严格遵循形式平等有时也会导致实质不公平。在某些领域中，完全不考虑各国不同国情而采取统一的国际法标准是不现实的，也不符合法的公平公正理念。要实现实质公平，国际法需要依履约能力强弱对主

---

[1] 《巴黎协定》的缔约方批准数量，参见 http://unfccc.int/paris_ agreement/items/9444.php，最后访问日期：2021 年 3 月 10 日。

体实施差别对待，差别化不违背主权平等观念，差别化在国际法中一般指的是区别待遇。国际法中的区别待遇有两个表现：权利再分配及资源再分配。[1] 国际环境法中的区别待遇具体有三个形式：义务承担的区分、实施方式的区分及资金和技术的援助。[2]"共同但有区别责任"本质上属于国际环境法中的区别待遇，"共同但有区别责任"强调各国依据各自不同条件承担不同的义务和不同的实施期限，并强调发达国家单独的资金和技术援助义务，能力弱的国家承担较少的义务或者暂时不承担义务。为便利履约，发达国家将技术和资金资源分配给发展中国家，本质上属于国际环境法中的区别待遇。

（二）"共同但有区别责任"是国际环境法领域中的一般法律原则

在国际环境法领域中，"共同但有区别责任"是重要的法律原则。该原则发端于 20 世纪 70 年代，并在 20 世纪 80 年代中后期得到长足发展。1972 年《联合国人类环境会议宣言》没有明确将"共同但有区别责任"一词纳入文本中，更未使之达到法律原则的高度。尽管有学者认为该原则的来源可以追溯至 1972 年的宣言，[3] 但从实证角度看，该观点并不严谨且有强加概念之嫌。准确地说，"共同但有区别责任"第一次明确出现在 1992 年《联合国里约环境与发展宣言》中，该宣言第 7 项原则阐述了国际社会对全球环境保护的共同责任，并为区别责任奠定了初步

---

〔1〕 Philippe Cullet, *Differential Treatment in International Environmental Law*, Ashgate Publishing, 2003, p. 36.

〔2〕 Lavanya Rajaman, *Different Treatment in International Environmental Law*, Oxford University Press, 2006, p. 191.

〔3〕 Ellen Hey, "Common but Differentiated Responsibilities", 载 http://opil. ouplaw. com/view/10. 1093/law: epil/9780199231690/law-9780199231690-e1568? rskey=Krs 7Q2&result=1&prd=EPIL, 最后访问日期：2021 年 3 月 6 日。

且简单的法律理由——"不同贡献"[1]。"共同但有区别责任"在 1992 年里约热内卢举行的联合国环境与发展会议得到确立，随后在《联合国气候变化框架公约》及《京都议定书》得到进一步确立和发展。这两个国际条约无一例外地将"共同但有区别责任"放在条约原则的高度，将之发展为"共同但有区别责任原则和各自能力"的形态；《巴黎协定》继续坚持这一原则，并将之进一步发展为"共同但有区别的责任和各自的原则"的形态。在气候变化国际法领域，"共同但有区别责任"并非国际环境法领域中较新的原则，但却是一个不断演变的原则。三大气候条约对原则的发展，体现在对原则的核心要素、责任内涵、区分标准及实施路径的坚持和发展。作为南北方开展全球环境治理的政治对话语言——"共同但有区别责任"在国际环境法领域内"生根发芽""开枝蔓叶"并成为指导国际社会开展气候治理最重要且不断发展的法律原则。

（三）"共同但有区别责任"的核心内容、标准及其责任实
　　　施路径具有争议性

"共同但有区别责任"产生和发展至今，缔约方围绕该问题的内涵和实施产生的争论并没有停止过，甚至成为《巴黎协定》缔结前谈判各方争论的焦点。从字面上看该原则包含了两种责任，即"共同责任"和"区别责任"，这两种责任反映了两种不同的主张。"共同责任"和"区别责任"之间的结合显然不是偶然，而是南北方在低阶政治领域中不同治理立场的"混合"。之所以说是"混合"，是因为其本身暗含了两个方面的内容：（1）所有国家均需尽可能开展合作应对气候变化导致的不利影响并均有责任作出相关行动；（2）各国不同的条件和能力、

––––––––––––––

[1]　United Nations General Assembly, "Annex I of Report of the United Nations Conference on Environment and Development", UN Doc A/CONF, 1 (1992).

各自对温室气体排放不同的"历史贡献"、不同的发展需要等因素又导致各国承担不同的责任。以"区别责任"为例，1992年《联合国里约环境与发展宣言》第7项原则对"区别责任"的阐述是极为简单且模糊不清的，比如何为"不同贡献"？这里的"贡献"本质上是原因。"不同贡献"实质上指的是排放温室气体的不同原因。这里的原因是指行为原因还是指结果原因？行为上的不同原因起码又可以分为"消除贫困必要""发展需要"及"生活水平需要"；结果上的不同原因又可以分为"污染物成分排放不同""污染物排放总量不同"等。这些在诸多多边环境条约中并没有得到很好地解释。单以"区别责任"为例就不难发现，国际社会对该责任的内涵理解是模糊的。除此之外，责任采取的标准、责任的内涵、原则的具体落实等都是不明晰的。对于这些问题，笔者将在第二、三、四章进行阐释。

　　"共同但有区别责任"在法律上的争议是有其政治背景的。原则本身是以中国为代表的发展中国家在国际谈判中努力的结果，是发展中国家寻求发展空间的重要法律主张。《联合国气候变化框架公约》对该原则的落实最初将责任按照"二分法"进行区分，即"附件一"缔约方[1]和"非附件一"缔约方。随着发达国家经济的放缓，发展中国家集团数量的增加和多样化，尤其是近年来新兴经济体较好的社会经济表现，发达国家要求发展中国家承担更多实质责任的呼声越来越高，具体表现为自2009年哥本哈根气候大会至2015年巴黎气候大会这几年里，发达国家和发展中国家之间围绕"减排责任的分配"等议题展开的漫长谈判。"共同但有区别责任"在这几年间的功能失调实质上是该原则在国际法律框架内持续模糊和不确定所引起的集中

---

　　[1]　"附件一"缔约方指的是在1992年时属于经济合作和发展组织的成员方，还包括一些正处于向市场经济转型的国家。

式爆发。虽然新的气候协定已经在绝大多数缔约方生效,但围绕原则本身的核心内容、责任标准和实施路径的争论并没有停止并持续在国际环境法学界升温。[1]

二、研究现状

国内外学界涉及"共同但有区别责任"的总体研究成果不少,但国内学界从国际法角度研究该问题的学术成果显然不足。

国内研究方面,在国内知名中文文献数据库"中国学术期刊网"中以"共同但有区别责任"为关键词,能够检索到的博士学位论文仅有 1 篇;[2]此外还有北京大学图书馆收录的一篇由梅凤乔教授于 2000 年完成的博士学位论文;[3]硕士学位论文共有 14 篇,分布在 2005 年至 2017 年 12 年间;[4]有代表性

---

〔1〕《巴黎协定》通过后,国际环境法学界围绕该协定中"共同但有区别责任"的学术讨论结果见本书"研究现状"的相关论述。

〔2〕 刘晗:"气候变化视角下共同但有区别责任原则研究",中国海洋大学2012 年博士学位论文。

〔3〕 梅凤乔:"论共同但有区别的责任原则",北京大学 2000 年博士学位论文。

〔4〕 这 13 篇硕士学位论文为:谢玲:"试论共同但有区别责任原则",湖南师范大学 2005 年硕士学位论文;刘江伟:"国际环境法中的共同但有区别责任原则探析",中国政法大学 2008 年硕士学位论文;陈憧:"共同但有区别责任原则的理论与实践研究",湘潭大学 2008 年硕士学位论文;李明:" '共同但有区别责任原则下的中国之选",山东大学 2010 年硕士学位论文;高瑜艳:"论共同但有区别责任原则在气候变化国际立法中的分歧与发展",华东政法大学 2010 年硕士学位论文;罗刚:"论共同但有区别责任原则",重庆大学 2010 年硕士学位论文;李阳春:"论'共同但有区别的责任'原则",外交学院 2010 年硕士学位论文;蒋婷:"论'共同但有区别责任原则'面临的新挑战及其应对",湘潭大学 2012 年硕士学位论文;杨曦:"共同但有区别责任原则探析",西南政法大学 2013 年硕士学位论文;彭娜:"论共同但有区别责任原则在国际气候环境法治中的实施",湖南师范大学 2014 年硕士学位论文;余培芳:"国际气候合作中'共同但有区别的责任'原则研究",安徽财经大学2015 年硕士学位论文;程谧:"论共同但有区别责任原则",华东政法大学 2015 年硕士学位论文;乔远:"共同但有区别责任原则在全球气候治理中的解构与重塑",清

的期刊论文有 5 篇。[1]从论述内容上看，中文文献仅触及原则本身的含义、历史背景、法律地位以及相关国际条约如何体现等；少数文献论述了该原则在部分多边环境条约中的落实情况；[2]有些研究成果论述了中国的立场，并提出了相应的国内立法建议。[3]目前，中文文献中论述最具代表性的为梅凤乔发表的"论共同但有区别的责任原则"一文。此外，陈贻健发表的"共同但有区别责任原则的演变及我国的应对——以后京都进程为视角"一文比较反映原则的当今发展。梅凤乔的博士学位论文从理论和条约实践两个角度考察了原则的科学基础、责任与国家责任、多国分担原则、公平原则及原则的法律含义，论文选取了气候变化领域和臭氧层领域的相关条约，从规范层面讨论了条文如何反映原则。陈贻健从责任性质、主客观身份、能力和影响三个方面提出了共同但有区别责任原则将从区分走向共同、静态走向动态；责任从"能力和影响"的二元归责原则走向"影响"决定的一元归责原则的发展趋势。但国内学界对该问

（接上页）华大学 2015 年硕士学位论文；蒋静："气候变化国际治理背景下的共同但有区别责任"，湖南师范大学 2017 年硕士学位论文。

〔1〕 这 5 篇有代表性的论文分别为：谷德近："共同但有区别责任的重塑——京都模式的困境与蒙特利尔模式的回归"，载《中国地质大学学报（社会科学版）》2011 年第 6 期；寇丽："共同但有区别责任原则：演进、属性与功能"，载《法律科学（西北政法大学学报）》2013 年第 4 期；陈贻健："共同但有区别责任原则的演变及我国的应对以后京都进程为视角"，载《法商研究》2013 年第 4 期；叶江："'共同但有区别的责任'原则及对 2015 年后议程的影响"，载《国际问题研究》2015 年第 5 期；赵俊："我国应对气候变化立法的基本原则研究"，载《政治与法律》2015 年第 7 期。

〔2〕 比如刘江伟、罗刚和杨曦在各自硕士学位论文中论述了环境资金和技术的运作及走向，谈到资金和技术落实不到位的问题。

〔3〕 比如刘晗在其博士学位论文中提出中国应在法律制定和政策推广及联合发展中国家方面坚持和发展该原则；陈憧、罗刚在其硕士学位论文也提出了类似的建议。

题的研究基本是以国内环境法为视角的，缺乏以国际法为角度的研究成果。

国外研究方面，根据知名法学外文文献搜索平台 HeinOnline 的收录情况，以"Common but differentiated Responsibility（-ties）"为关键词，截至 2020 年 12 月 31 日，近 30 年中直接涉及对该原则进行论述的相关英文文献共有 339 篇，具体分布如图 1-1 所示：

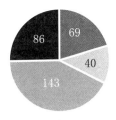

■ 1990-1999　■ 2000-2005　■ 2006-2010　■ 2010-

图 1-1：HeinOnline 近三十年英文文献量分布[1]

除此之外，德国国家发展研究院先后于 2014 年[2]和 2016 年[3]发布了两份涉及"共同但有区别责任"的研究报告。2014 年报告总结了主要多边环境条约中体现的"共同但有区别责任"及有关国家的立场观点；2016 年报告针对《巴黎协定》中"国

〔1〕　图 1-1 由笔者绘制。

〔2〕　Pieter Pauw, Steffen Bauer, Carmen Richerzhagen（eds.），"Different perspectives on differentiated responsibilities: a state-of-the-art review of the notion of common but differentiated responsibilities in international negotiations"，载 http://www.die-gdi.de/uploads/media/DP_ 6.2014..pdf，最后访问日期：2017 年 3 月 14 日。

〔3〕　Kennedy Liti Mbeva, Pieter Pauw, "Self-differentiation of countries' responsibilities: addressing climate change through intended nationally determined contributions"，载 http://www.die-gdi.de/uploads/media/DP_ 4.2016.pdf，最后访问日期：2017 年 3 月 14 日。

家自主贡献"，分析了新协定下的区分体现。此外，《跨国环境法》杂志在 2016 年第 5 卷第 2 期专门以"共同但有区别责任原则"为主题刊发了 9 篇文章。[1] 这 9 篇文章主要论述了《巴黎协定》体现的区别待遇及相关国家实践。英文专著方面，东芬兰大学的图拉·洪科宁所著的《多边环境条约的"共同但有区别责任"：规范和政策》一书是国外专门研究"共同但有区别责任"的最新专著[2]；此前，伦敦大学国际环境法教授菲利普·卡里特[3] 和印度国际环境法教授拉班雅·拉贾马尼[4] 均以"国家环境法上的区别待遇"为题出版过专著。除此之外，以菲利普·桑兹为代表的国际法学者在其著作中对"共同但有区别责

〔1〕 这 9 篇英文论文分别为：Jacqueline Peel，"Re-evaluating the Principles of Common But Differentiated Responsibilities in Transnational Climate Change Law"；Sébastien Jodoin，Sarah Mason-Case，"What Difference Does CBDR Make? A Social-Legal Analysis of the Role of Differentiation in the Transnational Legal Process for REDD +"；Christina Voigt，Felipe Ferreira，"'Dynamic Differentiation'：The Principles of CBDR-RC，Progression and Highest Possible Ambition in the Paris Agreement"；Philippe Cullet，"Differential Treatment in Environmental Law：Addressing Critiques and Conceptualizing the Next Steps"；Patrícia Galvão Ferreira，"Common But Differentiated Responsibilities' in the National Courts：Lessons from Urgenda v. The Netherlands"；Lisa Benjamin，"The Responsibilities of Carbon Major Companies：Are They (and Is the Law) Doing Enough?"；Paula Castro，"Common But Differentiated Responsibilities Beyond the Nation State：How Is Differential Treatment Addressed in Transnational Climate Governance Initiatives?"；Maria Antonia Tigre，"Cooperation for Climate Mitigation in Amazonia：Brazil's Emerging Role as a Regional Leader"；Anna Huggins，Md Saiful Karim，"Shifting Traction：Differential Treatment and Substantive and Procedural Regard in the International Climate Change Regime"，5 *Transnational Environmental Law*，2 (2016)，pp. 245~448.

〔2〕 Tuula Honkonen，*The Common but Differentiated Responsibility Principle in Multilateral Environmental Agreements：Regulatory and Policy Aspects*，Kluwer Law International，2009.

〔3〕 Philippe Cullet，*Differential Treatment in International Environmental Law*，Ashgate Publishing，2003.

〔4〕 Lavanya Rajamani，*Differential Treatment in International Environmental Law*，Oxford University Press，2006.

任"也作出了一般性的论述。[1] 国外学者对"共同但有区别责任"原则的研究集中在原则的内涵、来源、法律地位、规范体现、国际法理基础、该原则的国际环境法意义等。[2] 在这一领域中，菲利普·卡里特及拉班雅·拉贾马尼是持续关注并研究国际环境法中"区别待遇"问题的众多学者中的领军人物。这两位学者都认为"共同但有区别责任"是国际法上的区别待遇；其中菲利普·卡立特侧重从一般国际法的高度论述区别待遇，认

---

[1] Philippe Sands, Jacqueline Peel (eds.), *Principles of International Environmental Law*, Cambridge University Press, 2012, pp. 233~236.

[2] 有代表的英文论文有：Daniel Barstow Magraw, "Legal Treatment of Developing Countries: Differential, Contextual, and Absolute Norms", *Colorado Journal of International Environmental Law*, 69 (1990), p. 69; Philippe Cullet, "Differential Treatment in International Law: Towards a New Paradigm of Inter-state Relations", *European Journal of International Law*, 10 (1999), p. 549; Paul G. Harris, "Common but Differentiated Responsibility: the Kyoto Protocol and United States Policy", *N. Y. U. Environmental Law Journal*, 27 (1999), p. 27; Duncan French, "Developing States and International Environmental Law: the Importance of Differentiated Responsibilities", *International and Comparative Law Quarterly*, 49 (2000), p. 35; Lavanya Rajamani, "The Principle of Common but Differentiated Responsibility and the Balance of Commitments under the Climate Regime", *Review of European Community & International Environmental Law*, 9 (2000), p. 120; Karin Mickelson, "South, North, International Environmental Law, and International Environmental Lawyers", *Yearbook of International Environmental Law*, 96 (2000), p. 52; Gareth Duncan, "Common but Differentiated Responsibilities: The Implications of Principles Seven and the Duty to Cooperate on the Implementation of the Convention on Biological Diversity", *Ocean Yearbook*, 16 (2002), p. 75; Christopher D. Stone, "Common but Differentiated Responsibilities in International Law", *The American Journal of International Law* 98 (2004), p. 276; Werner Scholtz, "Different Countries, one environment: A critical Southern discourse on the common but differentiated responsibilities principle", *South African Yearbook of International Law*, 33 (2008), p. 113; Lavanya Rajamani, "The Changing Fortunes of Differential Treatment in the Evolution of International Environmental Law" *International Affairs*, 3 (2012), p. 605; Sandrine Maljean-Dubois, "The Paris Agreement: A New Step in the Gradual Evolution of Differential Treatment in the Climate Regime", *Review of European Community & International Environmental Law*, 25 (2016), p. 151.

为技术转让和实施援助是区别待遇在实施层面的两大表现。[1]拉班雅·拉贾马尼的视角更聚焦于条约的规范和实践，并在其著作的第六章和第七章专门论述气候变化国际法上的"共同但有区别责任"原则。

由此可见，国内外学者都对原则的内涵、历史演变、法律地位及规范体现作了研究。相比国内学者，国外学者的研究更触及原则背后的国际法理基础及意义。在对这一原则的持续关注和研究方面，国内相关研究相对较少，尤其对《巴黎协定》体现的"共同但有区别责任"的研究成果非常少，研究深度不够。综合国内外的研究现状，现有研究成果的缺陷有三个：（1）对"共同但有区别责任"的要素及各自内涵的论证素材来源仅停留在条约文本上，没有涉及气候变化历届缔约方大会报告、决议和决定等，导致对原则内涵的剖析比较单薄；（2）现有的研究成果没有考察条约机制如何落实这一原则，缺少数据、科学报告等实证基础；（3）没有仔细讨论区别责任体现的区分标准。对现有研究成果出现的三个缺陷，笔者力图逐一解决。

三、研究问题

不论是国内学者还是国外学者都对"共同但有区别责任"有程度不一的研究且有为数不少的研究成果。现如今对一个形成于20世纪90年代的法律原则再进行研究表面上似乎有"翻故纸堆"的嫌疑。但研究数量的丰富并不表明"共同但有区别责任"原则的诸多问题已经得到了透彻深入的讨论，如前文所述，现有研究存在的三个缺陷。加上《巴黎协定》的生效，也

---

[1] Philippe Cullet, *Differential Treatment in International Environmental Law*, Ashgate Publishing, 2003, pp. 95~134.

为探索原则的新形态、新要素和新意义提供了较好的研究机会。

"共同但有区别责任"原则是一个较为复杂的国际法问题。原则背后不仅涉及重大的国际法理论问题，也涉及国家实践和条约实践。本部分将论述笔者要讨论的问题及相应研究的角度。

（一）理论问题

笔者将从"国际法公平理论"入手，论述国际法公平的一般理论与条约实践，以及国际法"区别待遇"，进而论述"共同但有区别责任"属于国际法中的区别待遇。"共同但有区别责任"包含三个理论点：（1）责任；（2）"共同责任"；（3）"区别责任"。具体来说，责任的理论点包括："责任"一词的国际法含义；"共同但有区别责任"中"责任"是什么责任；该"责任"是否就是"义务"，抑或国际法次级规则上的"责任"，还是伦理意义上的"责任"。"共同责任"和"区别责任"的理论点包括："共同责任"和"区别责任"的各自国际法内涵是什么；"共同责任"和"区别责任"两者之间的关系是什么。

笔者对上述理论问题拟提出的结论为：（1）"共同但有区别责任"中的"责任"有两个维度：实在法上的义务和环境伦理上的责任，该原则所指的"责任"并非国际法次级意义上的"责任"。（2）"共同但有区别责任"的本质是国际环境法义务的公平分担。（3）"共同责任"指的是国际社会对全球共有问题的共同管理和共同应对义务；"区别责任"指的是各国对全球共有问题的产生和应对能力有别导致责任大小有别。（4）"共同责任"是"区别责任"的前提；"区别责任"是实现"共同责任"的必由路径。

（二）实践问题

"共同但有区别责任"原则是个实践性很强的问题，且在许多多边环境条约中均有所体现。在这些国际环境条约中，第一个将"共同但有区别责任"纳入约文文本且具备典型表现的即《联合国气候变化框架公约》《京都议定书》和《巴黎协定》组成的气候变化国际条约体系。为了深入考察该原则的相关问题，笔者只讨论气候变化领域中"共同但有区别责任"原则的实践问题。气候变化国际法实践包括条约实践和国家实践，条约实践又包括规范和实施机制上的实践，其中实施机制的实践又包括条约机构内机制的实践和条约机构外（联合国有关机构和辅助实施的条约外机构）的相关实践；国家实践包括国家立场和国家履约实践。因国家履约实践涉及不同国家的法律和行政措施，且不同政治法律体制的国家履约实践也有很大的差别，因篇幅有限，笔者的研究范畴不包括国家履约实践。

在条约实践方面，本书将从气候变化国际条约规范和机制的角度研究三个重大的法律问题。（1）"共同但有区别责任"在气候变化国际条约中是如何被论述的？该原则的核心要素及其各自的含义是什么？（2）国际气候条约是如何在机制上体现和落实"共同责任"和"区别责任"的？（3）国际气候条约"区别责任"的区分标准是什么？

在国家立场方面，本书主要涉及美国、欧盟及中国和七十七国集团（G77）的立场，特别阐述这三个缔约方或缔约方集团在历届气候变化缔约方大会的各自立场。笔者选择这三个缔约方或缔约方集团有两个方面的原因：（1）这三个缔约方或缔约方集团的温室气体排放量占全球温室气体排放量的绝大多数，是气候变化国际法律责任的主要承担方。（2）它们分别代表了"共同但有区别责任"的不同法律利益，考察这三个缔约方或缔约方集团有助于深刻理解该原则的国家实践。除了前文所述的中国和七十七国集团在历届气候变化缔约方大会的立场外，中国的立场是笔者将在国家实践部分进行重点论述的，中国对

"共同但有区别责任"的立场从20世纪90年代至今发生了较大的改变。研究选取的材料涵盖中央人民政府工作报告、生态环境部、国家发展和改革委员会、外交部等国家部门公布的文件或材料。

笔者在实践部分拟提出的结论为：（1）气候变化领域中的"共同但有区别责任"包括共同履约、历史责任和不同能力、国情，其中历史责任和不同能力、不同国情是发展中国家承担较轻责任的理由；（2）《巴黎协定》中的"共同但有区别的责任和各自的原则"并非新协定的首创，该概念及相关解释在1995年第一届和1996年第二届气候变化大会中分别得到缔约方大会的确认和阐释；（3）区别责任的区分标准为人均排放量标准和经济发展水平和阶段标准；（4）区别责任中的特别责任实施情况不力，主要原因在于发达国家资金和技术的落实门槛较高及发展中国家资金和技术的获取能力较差。

四、研究方法

笔者主要采取三种基本研究方法——归纳分析法、比较分析法和实证分析法。这三种研究方法不会而且不可能单独成为某个问题的研究方法，很多问题会同时运用两种或者三种的研究方法。归纳分析法和实证分析法贯穿本书始终。

第一，对"国际法区别待遇"这一理论问题的阐述主要采取归纳分析法。笔者对这一理论的论述主要以相关国际法文件的表述、主要学者的学术观点为素材，论证这一理论是"共同但有区别责任"的国际法理基础。本书的第二章将专门论述该原则的国际法理基础。

第二，"共同但有区别责任"的内涵和表现主要采取实证分析法，对该部分的论述主要选取国际文件和国际条约的相关表述，及美国、欧盟、中国和七十七国集团的立场文件并参考相关学者的观点；对"共同责任"和"区别责任"关系问题的表述主要采取归纳分析法，论证两类责任的逻辑关系并提出区别责任的目的是实现共同责任。这两个问题的论证将集中于本书的第三章。

第三，对条约实践的论述主要采取实证分析法。笔者将在第四章论述气候变化国际法律规范和机制如何体现"共同但有区别责任"，条约内机构和条约外机构如何落实"共同但有区别责任"。这两个问题的研究素材除了三个气候变化国际条约，还包括《联合国气候变化框架公约》第23次缔约方大会的相关决议和报告。在具体论述方面，本书不遵循时间的先后顺序，将以"共同责任"和"区分责任"为两个主线论述各自的责任归因、参与机制和区分标准。

第四，本书的第五章即最后一章（除结论外）同时采用归纳分析和实证分析两种方法，主要论述气候变化领域"共同但有区别责任"所体现的责任分担标准以及这种标准对国际环境义务公平分担的意义。

五、研究创新与研究价值

"共同但有区别责任"作为一个不断演变中的国际环境法原则，其多样性和灵活性的规范和机制为学者提供了源源不断的研究动力。研究该原则有自身的理论价值和实践价值。

（一）研究创新

本书的研究创新点分为理论创新和实证创新：

第一，本书在理论研究方面的创新点有三个。首先，从"国际法形式平等和实质公平""国际法对等性和对等性例外"论证"国际法区别待遇"的产生，继而论证"共同但有区别责任"原则体现了国际法上的区别待遇;其次,从语言结构的角度研究"共同但有区别责任"中不同责任之间的逻辑含义以揭示"共同责任"和"区别责任"之间的关系,并提出区别责任的目的是实现共同责任;最后,揭示"共同但有区别责任"应着重落实发展中国家的"需要","人均排放量""各自能力"和"不同国情"属于国际责任分担的比例。

第二,本书在实证研究部分的创新点也有三个。首先,全面且系统地考察气候国际条约和《联合国气候变化框架公约》历届缔约方大会、《京都议定书》缔约方会议和《巴黎协定》缔约方会议的报告、决议和决定,较为准确地揭示"共同但有区别责任"原则的各个要素的内涵及责任区分标准。其次,按照"共同但有区别责任"的原则,揭示气候变化条约机制如何落实这一原则及出现的相关问题。此外,历届气候变化大会中美国、欧盟及中国和七十七国集团的缔约方或缔约方集团的立场也是笔者的研究对象。"共同但有区别责任"原则的提出和形成也是持有不同主张的缔约方持续谈判的结果。从政治角度上看,分析主要缔约方或缔约方集团的立场以揭示原则的政治背景;从法律角度上看,考察主要缔约方或缔约方集团的立场以总结原则有关的国家实践,而国家实践对习惯国际法的形成至关重要。最后,本书更关注中国立场。目前为止,中英文文献均缺乏对中国视角和立场的实证解读,对此,笔者将依据中央人民政府工作报告、生态环境部、国家发展和改革委员会、外交部等国家部门公布的官方文件或材料,从学理上解读中国政府对"共同但有区别责任"原则的立场和观点。

(二) 研究价值

1. 理论价值

"共同但有区别责任"原则具备深厚的国际法理基础,原则本身体现了国际环境法对不同国际法主体实行差别化对待。这一国际法理基础的背后其实就是如何实现法的公平公正。法的公平公正不是实现法的绝对平等，而是实现权利、义务和责任的公平享有和负担。研究"共同但有区别责任"原则实质就是在探究国际法如何实现公平公正这一目标。由于国内学界没有对原则背后的国际法理基础作出深入讨论，所以对原则的论证缺乏理论根基。虽然国际法研究的出发点是文本和实践，但仅有文本和实践研究是不够的。如果缺乏理论作为支撑，拟研究的问题是不稳固的。笔者对原则的国际法理作研究有两大理论价值：其一，从国际法公平理论问题出发，提炼出国际法条约中的公平条款，提出"共同但有区别责任"是国际环境法条约中的公平条款；其二，总结一般国际法领域和国际环境法领域的责任内涵和分担模式，为论述"共同但有区别责任"中的"责任"内涵和性质提供基础。

2. 实践价值

"共同但有区别责任"原则的形成和发展有其历史及现实原因。一方面，全球环境治理有两大特点，即广泛参与的必要性和差别化参与的现实性。环境治理当然需要国际合作，但不同国家的历史责任和社会经济能力参差不齐导致其参与能力有所偏差，采取统一且较高的法律标准不符合国际现实。另一方面，该原则是以中国为代表的发展中国家率先提出来的，本身反映了发展中国家在国际环境问题中的治理立场。不同立场的交锋导致国际社会对"共同但有区别责任"原则的理解和落实存在争议，比如该原则如何得到很好地体现和落实、《巴黎协定》新的履约模式如何与之前的实施模式相兼容等问题都是实践需要解决的。因此，研究气候变化领域中的"共同但有区别责任"原则的实践价值有两点：其一，从规范和实践角度论证"共同但有区别责任"是如何在气候变化国际条约中体现和落实的，从而探索出原则的实证形态；其二，通过对实证的考察，总结出气候变化领域中责任分担的标准，以增强对"国际法如何开展多样化且有效的实施路径"这一现实问题的理解。

　　研究任何一个国际法问题都不能脱离国际政治现实，正如批判学派代表人物马蒂·科斯肯尼米揭示的那样，国际法学者在 19 世纪、20 世纪乃至当今所作的挣脱国际政治的努力，诸如推行"国际法治"的做法最后仍是依赖政治力量去解决现实问题。[1]"共同但有区别责任"在国际气候治理中本身就是政治色彩浓重的法律话语，笔者不会刻意回避这一原则本身的政治背景，正视原则背后的政治背景有助于在更广阔的视野看待这一项国际法律原则的现实意义，从而避免"乌托邦式"的独白或"申辩式"的呐喊。笔者主要从国际法文本和具体实践出发，毕竟文本和具体实践是国际法研究的根基所在，也是对国际法进行实证研究应有的态度和路径。

---

〔1〕 Martti Koskenniem, *The Politics of International Law*, Hart Publishing, 2011, pp. 35~38; pp. 201~202.

第二章
"共同但有区别责任"的国际法理论与基础

"共同但有区别责任"作为一项原则，其在国际法文件中的确立可以追溯到1992年《联合国里约环境与发展宣言》。虽然该原则的产生和发展较晚，但国际法学界对"国际法从形式平等到实质公平""国际法缩小和缓和南北差距和矛盾"和"国际法实现公平公正对待"进而达到"国际社会的公平正义"的讨论实质上无时无刻不为"共同但有区别责任"原则在国际环境法领域的萌发奠定着理论和实践基础。本章将讨论"共同但有区别责任"的国际法理论与基础，目的是探讨原则本身的国际法理基础和国际法实践基础。本章具体分为三个小节，第一节从"国际法公平理论"出发，讨论国际法上的形式平等与实质公平及国际法的对等性与对等性例外；第二节从"国际法区别待遇"的角度讨论国际法如何实现实质公平，并论证"共同但有区别责任"属于国际法上的区别待遇；第三节从"国际责任"和"国际环境法责任"的角度讨论国际法中共同责任的基本理论。

第一节　国际法"公平"理论

一、国际法"公平"理论基本问题

国际法存在"公平"吗？如果国际法存在"公平"，其对

"公平"的定义是什么？对于第一个问题，国际法学界的结论是肯定的，且有两种主流的解释。第一种解释认为，法的本质之一是公平正义。因为国际法是法，所以国际法当然也具备法具备的公平价值和目标；[1]第二种解释认为《国际法院规约》第38条第2款规定："二、前项规定不妨碍法院经当事国同意本'公允及善良'原则裁判案件之权。"这里的"公允及善良"是国际法存在"公平"的一个例证。[2]和诸如"正义""自由"等政治哲学和法哲学领域经常被使用的词语一样，理论界至今无法对"公平"作出一个准确和周延的定义。国际法学者弗朗切斯科·弗兰西奥尼生动地借用生物学的概念称，在狭义的范围内，"公平"的概念是一个多样态的。[3]法律上的"公平"一词之所以语焉不详，主要有两个原因：其一，"公平"本身源于英美法系，英美法系将"公平"和"法律"并列适用于司法实践中，其本身是司法实践的独立渊源。法官如何使用"公平"解决争端取决于个案，本身就决定了"公平"无法被定义。其二，到了18世纪，公平进入了国际法视野，但国际法对"公平"的理解和英美法的理解仍无二，即仍是在国际司法裁判中的个案判断。对此，沃夫冈·弗里德曼指出："公平本身是个解释规则。"[4]因此，任何试图对国际法"公平"作出一个令人

〔1〕 Daniel Patrick O'Connell, *International law* (2nd edn), Stevens&Sons, 1970, pp. 11~12.

〔2〕 Francesco Francioni, "Equity in International Law", 载 http://opil. ouplaw. com/view/10. 1093/law：epil/9780199231690/law - 9780199231690 - e1399？rskey = FaBx73&result = 1&prd=EPIL，最后访问日期：2017年3月21日。

〔3〕 Francesco Francioni, "Equity in International Law", 载 http://opil. ouplaw. com/view/10. 1093/law：epil/9780199231690/law - 9780199231690 - e1399？rskey = FaBx73&result = 1&prd=EPIL，最后访问日期：2017年3月21日。

〔4〕 Wolfgang Friedmann, *The Changing Structure of International Law*, Stevens & Sons, 1964, p. 197.

较为满意的定义的做法都是不太明智的。

国际法为什么需要"公平"？除笔者提到的国家间发展不平衡的历史根源和现实外，国际法理论界主要通过两种不同的视角，运用反证法论述国际法的天然"缺陷"从而说明国际法需要"公平"。第一种是历史及批判的视角，主要以安东尼·安吉[1]、马蒂·科斯肯尼米[2]和大卫·肯尼迪[3]为代表。历史及批判学派认为国际法的发展史本身是不公正的历史，并被殖民者用来征服被殖民者以实现强权。第二种是女性主义视角，主要以希拉里·查尔斯沃斯和克里斯缇娜·钦肯为代表。[4]女性主义国际法理论者强调国际法规范忽略了女性在国际法秩序形成过程中的作用和地位。这两种理论视角虽然没有正面指出国际法应该考虑公平，却从反面指出了国际法应实现实质公平。对于国际法实质公平，笔者将予以讨论。

国际法在哪些方面体现"公平"或者应体现"公平"？对于该问题，国际法理论界和国际实践存在着四种不同的角度。[5]其一，以赫希·劳特派特为代表的学者从国际司法裁判的角度认为"大量的解决国家间争端的条约应以'法律和公平'或者

---

[1] Antony Anghie, *Imperialism, Sovereignty and the Making of International Law*, Cambridge University Press, 2005.

[2] Martti Koskenniem, *The Gentle Civilizer of Nations: The Rise and Fall of Modern International Law 1870-1960*, Cambridge University Press, 2002.

[3] David Kennedy, "The Sources of International Law", *American University Journal of International Law and Policy*, 2 (1987), pp. 1~96.

[4] Hilary Charlesworth, Christine M. Chinkin, *The Boundaries of International Law: A Feminist Analysis*, Manchester University Press, 2000.

[5] 国际法学界有几种"公平"问题的角度，1970年版的《阿古斯特现代国际法导论》认为，国际社会存在两个角度，分别为笔者论述的第一种和第三种角度。鉴于当代国际法的发展现实，笔者认为除了公认的两个角度外，还存在其他两种角度。

"'国际法和公平'为基础"[1]。实际上，国际法院也在判例中对"公平"原则作了阐述。[2] 其二，以奥斯卡·沙赫特为代表的学者从公平的作用这一角度出发，认为国际法上的"公平"应考虑合理和诚实守信，应成为个体正义、禁止反言、禁止不当得利及禁止权利滥用原则的基础，应为共有资源和利益的分配确立标准，还应为分配正义提供合法性基础。[3] 其三，以广大发展中国家为主体从重构秩序的角度提出的建立公平合理的国际政治经济新秩序的要求。[4] 其四，以国际环境法为代表的新兴国际法领域以"承担义务区别化""技术和资金援助""关注发展中国家需求、情况或国情"为要素，将抽象意义上的"公平"原则转化为国际条约公平负担的具体条款和具体实施机制。这四个角度中只有第二个角度是纯理论的，其余三个角度都具备实在国际法或国际实践的基础。

以条约实践为例，"公平"首次被明确记载在国家间条约中是在英国和美国于 1794 年 11 月 16 日签订的《杰伊条约》。[5] 该条约第 6 条第 2 段和第 4 段及第 7 条第 1 段规定了负责解决国际争端的求偿委员会应以"公平"和"正义"为基础解决有关争端。在现代国际法多边条约实践中，"公平"一词明确以条约用语的形式出现主要在三个领域——海洋、环境和经贸。在

---

〔1〕 Elihu Lauterpacht（ed.）, *International Law: Being the Collected Papers of Hersch Lauterpacht（Vol I）*, Cambridge University Press, 1970, p. 257.

〔2〕 国际法院典型的案例为 1969 年德意志联邦共和国诉丹麦、荷兰"北海大陆架案"。

〔3〕 Oscar Schachter, *International Law in Theory and Practice*, Martinus Nijhoff Publishers, 1991, p. 85.

〔4〕 Peter Malanczuk, *Akehurst's Modern Introduction to International Law（7th edn）*, Routedge, 1997, p. 56.

〔5〕 S. K. Chattopadhyay, "Equity in International Law: Its Growth and Development", *Georgia Journal of International and Comparative Law*, 5（1975）, p. 390.

国际海洋法领域，1982 年《联合国海洋法公约》是最典型的一项国际条约。除序言第 3 段概括性确立"海洋资源的公平有效利用"外，该公约确立了海洋领域的四类公平要素，分别为：（1）海洋划界争议的公平解决[1]；（2）海洋利益的公平分配[2]和公平获取[3]；（3）海洋共有区域管理权力的公平参与[4]；（4）对发展中国家、内陆国和地理不利国利益的特别考虑。[5]在国际环境法领域，明确将"公平"作为条约一般原则的为《联合国气候变化框架公约》《京都议定书》《巴黎协定》组成的全球气候变化条约体系。气候变化国际法领域除了明确记载"公平"原则外，还确立了和公平相关的其他原则和要素，如"共同但有区别责任原则""发达国家之间、发达国家和发展中国家之间承担不同减排义务""发达国家向发展中国家提供资金、技术转让""关注发展中国家具体情况和需要"和"考虑缔约方国情"的条款。除了气候变化领域外，水资源领域、生物多样化领域等其他领域都有相关的公平条款。比如1997 年《国际水道非航行使用法公约》规定了"水道国应在各自领土内公平合理地利用某一国际水道"的国际义务，[6]并确立了七类和"公平且合理使用"应考虑的所有相关因素和情况。[7]1992 年《生物多样性公约》确立了三类"公平"要素：（1）发达国家向发展中国家提供财务[8]、技术转让[9]支助；

---

[1]　1982 年《联合国海洋法公约》第 74、83 条。

[2]　1982 年《联合国海洋法公约》第 140 条。

[3]　1982 年《联合国海洋法公约》第 69、70 条。

[4]　1982 年《联合国海洋法公约》第 160 条第 2 款 d 段。

[5]　1982 年《联合国海洋法公约》第 160 条第 2 款 k 段；第 173 条第 2 款 c 段。

[6]　1997 年《国际水道非航行使用法公约》第 5 条第 1 段。

[7]　1997 年《国际水道非航行使用法公约》第 6 条第 1 段。

[8]　1992 年《生物多样性公约》第 8 条第 m 款。

[9]　1992 年《生物多样性公约》第 16 条。

（2）生物遗传信息的公平分享；[1]（3）生物技术成果或收益的公平分配。[2] 而国际经济法领域的"公平"通常体现为"非歧视"[3]和"关注弱势地区"[4]。其中，"非歧视"主要表现为国际经贸活动中的"国民待遇"[5]和"最惠国待遇"[6]。"国民待遇"是国际经贸领域的一般规则，体现为一国国民在他国境内从事经贸活动不受歧视，可以获得与东道国成员同等的法律待遇。"最惠国待遇"是基于多边贸易机制项下的所有成员方有权享有成员一方给予另外任何成员一方的最优惠待遇。"国民待遇"和"最惠国待遇"均是世界贸易组织建立的一揽子协定项下的通行规则。

由此可见，国际法不同领域的条约对"公平"的适用和体现是不一样的，这与由条约涉及的专业领域和解决的具体目标密切相关。很显然，"公平"的内涵及体现的要素要结合具体的条约用语背景来理解。[7] 尽管如此，国际条约实现"公平"的路径是明显的，主要分为三种。其一，条约方平等享有权利、

---

[1]　1992 年《生物多样性公约》第 15 条第 7 款。

[2]　1992 年《生物多样性公约》第 19 条。

[3]　Janusz Gilas, "International Economic Equity", *Polish Yearbook of International Law*, 14（1985）, pp. 79~97.

[4]　联合国贸易和发展会议建立了对"非洲""内陆发展中国家""最不发达国家""小岛屿国家"和"巴勒斯坦"特殊国家和区域的特别援助机制。详情参见 http://unctad. org/en/Pages/themes. aspx，最后访问日期：2021 年 3 月 21 日。

[5]　Raúl Emilio Vinuea, "National Treatment, Principle", 载 http://opil. ouplaw. com/view/10. 1093/law: epil/9780199231690/law - 9780199231690 - e1540? rskey = 9TlV4u&result = 1&prd = EPIL，最后访问日期：2017 年 3 月 21 日。

[6]　Robin Geiß & Meinhard Hilf, "Most - Favoured - Nation Clause", 载 http:// opil. ouplaw. com/view/10. 1093/law: epil/9780199231690/law - 9780199231690 - e1539? rskey = i3lpvz&result = 14&prd = EPIL，最后访问日期：2017 年 3 月 21 日。

[7]　Philippe Sands, Jacqueline Peel etc（eds.）, *Principles of International Environmental Law*（3rd edn）, Cambridge Univeristy, 2012, p. 119.

平等履行义务，比如条约方公平参与管理与公平享有利益。其二，条约内容采取对等性例外，规定了不同缔约方承担力度不同的条约义务，比如《京都议定书》规定了发展中国家无须和发达国家一样承担量化的强制减排义务；气候变化国际条约中的"共同但有区别责任"属于此种公平条款。其三，条约规定了"关注特殊国家或区域""技术或资金援助"等特殊条款，以体现对条约弱势缔约方的关注和援助。第一种路径是国际条约最为常见的条款，存在于一切平等的国际条约中，该条款强调国际法的"形式平等"；[1]后两种路径在环境、经贸和海洋领域最为常见，强调国际法的"实质公平"。

二、国际法实现"公平"的规范路径

（一）国际法从"形式平等"到"实质公平"

1. 国际法"形式平等"

平等是法的重要价值和目标之一。法的形式平等指的是一切法律主体在法律上被平等且不受歧视地对待，主要体现为主体平等和内容平等。主体平等简单地说就是法律面前人人平等，任何人不得拥有超越法律的特权；内容平等简单地说就是人人平等地享有法律赋予的权利并承担相应的法律义务。

国际法作为主权国家之间的规则，同样也追求平等的价值和目标。无论是国内法还是国际法，主体平等和内容平等都是法的形式平等的表现。相比国内法而言，国际法上的形式平等有自身发展的烙印。形式平等在国际法中有另一种表达方

---

[1] 需要指出的是，国际法上的"形式平等"也属于公平。笔者研究的"公平"是除形式平等外的实质公平问题。

式——"主权平等"。[1]通说认为，国际法和国际关系体系的基础——主权国家的现代起源要追溯到 1648 年《威斯特伐利亚和约》。[2]主权平等是国际社会开展合作的基石。1927 年常设国际法院在著名的"荷花号案"中认为，国际法治理的对象是主权国家间的关系。[3] 1945 年《联合国宪章》第一项国际法原则即为"主权平等"。[4]国际法的主体与表现方式的平等是国际社会从以强欺弱走向强弱平等的一个重要进步。主权平等原则主要体现在"主权者之间无管辖权"和"国际法权利和义务的平等享有和承担"两方面。国际法律权利和义务来源于国际条约或国际习惯，国际条约或国际习惯的订立与形成应该是平等主权者之间平等协商或共同实践认可的结果。这说明除了主体平等和内容平等外，国际法的形式平等还体现为国际造法上的平等。国际法在主体、内容和造法平等方面的体现为国际法不断实现普遍性和开放性奠定了基础。

从国际法的历史看，国际法一开始并非追求"世界大同"的法。国际法产生与存在的目的本身不是为了实现共同利益，而是寻求力量的均势和一国对他国主权的平等尊重。[5]从这个意义上讲，国际法之所以确立了"主权平等"，其目标是试图在不同政治力量之间寻求一种调和，并用规范性的语言赋予不同政治力量以法律上的平等地位。此外，国际法诞生时的语言结

---

〔1〕 Ivan A. Shearer, *Starke's International Law*（11th edn），Butterworths，1994，p. 99.

〔2〕 1648 年《维斯特伐利亚合约》的国际法地位是否如通说的观点，对此有学者持怀疑的态度。参见一叶："神话的建构？"，载《读书》2012 年第 11 期，第 61~67 页。鉴于笔者并非研究国际法史，遂将采取通说观点。

〔3〕 *The Case of the S. S Lotus*（*France v Turkey*）（*Judgment*）〔1927〕，para. 44.

〔4〕 1945 年《联合国宪章》第 2 条第 1 款。

〔5〕 Georges Abi-Saab, "Whither the International Community?", *European Journal of International Law*，9（1998），p. 248.

构也不是真正"国际"的。"主权"一词一开始并不适用于国际,只适用于欧洲领主世界。[1]第二次世界大战后随着新兴国家的诞生,国际法意义上的主权者被动地从欧洲世界扩展到全世界。美国国际法学家安东尼·安吉在其《帝国主义、主权和国际造法》一书中一针见血地指出国际法自身带有"殖民主义"或"帝国主义"的话语结构。[2]

当今,国际社会和国际法的价值目标显然已不是殖民主义,而是追求国际社会和平安全及可持续发展。但如果国际法的发展仅停留在形式平等的层面,那么真正意义上的主权平等至多是一个话语,至于国家间发展不平衡、南北矛盾等问题则永远需要在国际法视野之外寻求帮助,这显然不应该是国际法发展的方向。

"平等"在法律上是个有力并带有美好想象的词汇。国际法上的主权平等的确赋予不同力量的主权者以对话和合作的基础,并进一步产生了国家间的合作。国家间的合作表面上体现了国家间的互相依赖,但这种互相"依赖"是否是平等主权者之间的"依赖",抑或是带有"仰视者"对"俯视者"的"依赖"?套用国际法学者安东尼·安吉的话说,这种"依赖"是否是"新帝国主义"的话语结构?因此,要实现真正意义上的国家间公平和国际合作,国际法真正的发展方向是实现实质公平。

2. 国际法"实质公平"

国际法学者奥本海在其《国际法》一书中有关国际法主体平等的论述则特别指出了"法律上的平等不可以和政治上的平

〔1〕 Johannes Mattern, *Concepts of State, Sovereignty and International Law*, Oxford University Press, 1928, pp. 1~8.

〔2〕 Antony Anghie, *Imperialism, Sovereignty and the Making of International Law*, Cambridge University Press, 2005, pp. 32~141.

等混为一谈"。[1]奥本海虽然没有明确指出国际法平等和国际政治间的不平等，但实际上说明了国际法的形式平等并不代表国际社会存在真正的平等。

国际法之所以要实现实质公平，恰恰是因为仅有形式平等不能实现国际规则对所有国家的公平公正对待。国际社会成员能力不同是与生俱来的，既有历史原因也有现实原因。国际合作的加深以及全球化开放市场虽然为处于不同发展阶段的国家提供了源源不断的贸易、劳动、技术等机会，但发展水平较低国家的劣势仍然明显。[2]无论是国家间还是个人间，世界资源和各自能力的分布不均充斥在这个世界中。[3]法律作为实现公平正义的手段，需要对现实情况作出调整。正如哈特所言，"法律（但不能绝对地）指向多类人、多类行为、事物和情况"。[4]这说明，法律本身要考虑不同因素。

何为"实质公平"？法律上并没有相关的定义也无法对此作出定义。如何实现国际法的实质公平是非常复杂且困难的问题，并且这一问题至今仍没有得到解决。因为国际法要实现实质公平，首先要证明国际法在哪些领域、哪些问题上无法通过形式平等来实现结果公平；其次要寻找出一个实现实质公平的路径，而且这个路径同时也是优势国家同意或满意的。国际法要实现"实质公平"，同样需要不同国家利益间的调和。

---

[1] Lassa Oppenheim, Ronald F. Roxburgh, *International Law（Vol. I）*, Green Longmans, 1920, p. 116.

[2] Jeffrey Sachs, "A New Blueprint: Beyond Bretton Woods", *Economist*, 1（1994）, p. 31.

[3] Oscar Schachter, *Sharing the World's Resources*, Columbia University Press, 1977, p. 7.

[4] ［英］哈特：《法律的概念》，张文显等译，中国大百科全书出版社2003年版，第121页。

尽管如此,国际法仍应为实现实质公平不断努力。国际法要实现真正意义上的公平,至少需要在两个方面作出努力,即合理分配资源和合理分担责任。分配公平意味着法律应对受到不平等对待的主体予以特别关注,实施特别待遇。[1] 除此之外,国际法还要实现国际司法上的公平,具体为国际司法裁判上公平裁断和出现国际法律不明时如何运用公平原则进行裁断。[2]

国际法要实现实质公平,起码需要三个层次的努力。首先,国际社会要切实认识到不同国家在哪些方面存在显著的不公平及存在显著不公平的原因;其次,国际社会要对存在显著不公平领域内的国际法律规范作出调整,如通过"国际法区别待遇"等方式,逐步实现不同发展阶段的国家公平参与全球治理;最后,国际社会应该努力在相关领域中建立可行的机制以保障参与能力低的国家公平参与国际立法和遵守国际法。实际上,国际法已经在人权和环境领域为实现实质公平作了大量的努力并有了初步的效果。一方面得益于国际社会对人权和环境领域有着基本的共识,且有着较高的国际参与度;另一方面归功于国际社会建立了灵活的国际保障机制。需要说明的是,国际法不会而且不应该是消除国家发展不平衡及南北矛盾的唯一或最佳的工具。国际法要实现实质公平,主要有两个方面的原因:一方面国际法是法,具有法的价值和追求;另一方面国际法具备规范国家行为的功能,其自身的角色决定了在规范和机制上理应有作为。

---

〔1〕 Internatioanl Law Association, "Seoul Declaration on the Progressive Development of Principles of Public International Law relating to a New International Economic Order", 30 (1986), para. 25.

〔2〕 笔者对实质公平的讨论局限于实体,因此不会对国际司法公平作出论述。关于国际司法公平的讨论,参见 Margaret White, "Equity-A General Principle of Law Recognised by Civilised Nations?", 4 *Queensland University Technology Law and Just Journal*, 4 (2004), pp. 103~116.

（二）国际法从"对等性"到"对等性例外"

1. 国际法"对等性"

国际法上的对等性或称互惠性[1]是指在两个或两个以上的国家关系中，一方对另一方的行为或对待以另一方的行为或对待为前提。[2]国家间的对等行为有积极的也有消极的。积极的对等行为其实是互惠，消极的对等行为通常表现为"以牙还牙，以眼还眼"的报复行为。国际法上的对等性反映了国家主权平等。国际法的对等性存在于国际条约、国际习惯等国际法渊源中。国际法为法律事务的开展提供了对等性框架，而这一主要表现形式就是国际条约。[3]国际条约按照目的和功能主要分为"造法性条约"和"契约性条约"。前一类条约涉及的国家非常广泛，后一类条约涉及的国家比较少。[4]在"造法性条约"[5]的协商和订立中，对等性表现为国家间的压力和诱导。[6]条约的内容通常也基于对等性为条约各方设定相同的权利和义务。除此之外，条约的中止和终止也体现对等性。[7]国际法上的对

---

〔1〕"互惠性"这个称法通常在国际经贸领域内使用。为统一用语，笔者一律使用"对等性"一词。

〔2〕 Bruno Simma, "Reciprocity", in http://opil. ouplaw. com/view/10. 1093/law: epil/9780199231690/law-9780199231690-e1461? rskey = zuxuC5&result = 1&prd = EPIL, 最后访问日期：2017 年 3 月 21 日。

〔3〕 Bruno Simma, "From Bilateralism to Community Interest in International Law", in Ulrich Fastenrath & Rudolf Geiger (eds.), *Recuil des Cours de l' Académie de Droit International* 6 (2011), p. 229.

〔4〕 Malcolm N. Shaw, *International Law*, Cambridge University Press, 2014, p. 66.

〔5〕 因本书的重点不在于论述条约，除另有说明外，本书在该部分仅论述"造法性条约"的对等性问题。

〔6〕 Shahrad Nasrolahi Fard, *Reciprocity in International Law* (Routledge, 2016), p. 20.

〔7〕 Bruno Simma, "Reciprocity", 载 http://opil. ouplaw. com/view/10. 1093/law: epil/9780199231690/law-9780199231690-e1461? rskey = zuxuC5&result = 1&prd = EPIL, 最后访问日期：2017 年 3 月 21 日。

等性除了体现在国际法规范中，还体现在国际法的执行中，比如一国针对另一国的不法行为可以实施反措施，也可以针对另一国的不友好行为实施反报等。无论在规范层面还是实施执行层面，国际法均存在对等性。

国际法的"对等性"有着重要的功能和作用。其一，尊重主权国家在国际法上的平等。对等性本身意味着一国可以根据另一国的先前行为作出相同或类似的反应。国家间这种"投桃报李"或"以牙还牙"的行为就是尊重各国的平等意志和权利。其二，促进国际法规范的产生和发展。对等性为国际造法活动提供了动力来源，即可以通过造法活动获益。这种利益可以是国家间相互的利益也可以是国际社会的整体利益。其三，理论上可以保证国际法得到良好的遵守，比如国际条约中如果一方违反条约的义务，那么条约的非违反方可以中止乃至终止条约，甚至采取反措施等行为让违反条约义务的一方承受损失。

从表面上看，国际法的对等性确实有积极的功能和作用。但在实际情况下，对等性不能完全代表各国的意志，也不能实现真正意义上的对等。首先，国家实力本身有强弱之分。虽然对等性表面上为各国提供了互惠互利、对等协商的机会，但往往是实力强的国家更有能力从双边或多边协商中得到利益。其次，即便国家间真正在平等协商的基础上缔约履约，如果各方的履约力度是完全相同的，能力较弱的国家也难以真正地履约。最后，消极的对等行为——特别是国家单边行为不一定会保证国际法得到普遍遵守，相反会引起被行为的一方脱离双边或多边协商的轨道。

2. 国际法"对等性例外"

国际法存在对等性例外吗？依照国家主权平等原则，国际法如果对不同的主体实施不同的法律待遇似乎有违这一原则。

前国际法院法官布鲁诺·西玛甚至认为:"国际法完全依赖对等性这一逻辑。"[1]从国际社会国家中心主义及无政府状态的角度来说,国际法以对等性为基础是有理由的,况且几乎没有一个国家愿意主动承担不相称的国际义务。尽管如此,国际法并非完全体现绝对的对等性,在某些领域特别是国际环境法领域也体现了对等性例外。20世纪90年代发展中国家就要求"发达国家成员、国际组织等机构应向发展中国家提供经济技术援助,以提高与发达国家的相关合作"[2]。发展中国家的诉求获得了国际社会的回应,在许多国际环境条约如《联合国气候变化框架公约》中有了直接的体现——"共同但有区别责任"。为什么国际法需要对等性例外?以多边国际条约为例,如果在国际条约中实行严格的权利义务对等,无视不同国家的能力让所有国家承担相同或类似的国际义务会造成三个风险:一是条约无法达成;二是条约无法实施;三是条约目标无法实现。当然国际法本来就是主权者之间的合意,正如合同一样,国家若不愿意承担义务不参加条约就可以,但国际社会的运作并非这么简单直白。国际社会成员除了维护国家利益外,还有对共同利益的追求。

实际上,国际法在某些领域存在对等性例外并非完全放弃了对等性。国际法存在对等性例外仍保留了多数义务的对等性,只不过存在义务及责任承担程度的大小而已,况且要实现对等,需要策略性的理性——协调各方的能力以至于一方不会比另一方

---

〔1〕 Bruno Simma, "Reciprocity", in http://opil. ouplaw. com/view/10. 1093/law: epil/9780199231690/law-9780199231690-e1461? rskey = zuxuC5&result = 1&prd = EPIL, 最后访问日期:2017年3月21日。

〔2〕 United Nations General Assembly, "Report of the South Commission", 19 (1991) UN Doc A/RES/46/155.

有过多的优势。[1]

国际法存在对等性例外是对现有国际社会发展不平衡、国家能力存在大小之分的一种协调。表面上看，国际法对等性例外似乎对国家主权原则构成了一定冲击，实际上无须担心。国际法存在对等性例外，是国际法寻求自身发展，从单纯追逐"国家利益"向维护"国际社会整体利益"转变过程中必须经历的。正如汉斯·摩根索所言："国际法上的主权不是权利和义务的平等。"[2]托马斯·弗兰克也认为："主权和国家间的平等在某种程度上是非理论的概念……国际社会的主权平等应与和平、人类的生存、社会经济发展相适应。"[3]尽管摩根索和弗兰克的主权观存在差别，但都表达了对恪守形式严格的主权平等观的厌弃。

国际法形式平等是国际法作为法的一个基本价值追求，国际法的对等性体现了"主权平等"原则。无论是国际法形式平等还是国际法对等性，其出发点都是追求国际社会的公平与合理。因此形式平等和对等性是国际法自身不断发展过程中必备的，并且不应该被抛弃。但国际法坚持绝对的形式平等及对等性显然是不正确的，因为国家的经济发展水平、能力等因素千差万别，权益获取能力和履约能力必然有所不同，这就需要国际法在规范和机制设计上考虑实质公平和对等性例外。否则，国际法在国家间发展不平衡这个现实背景中会面临功能失调的局面。因此，国际法要向纵深方向发展，探索真正意义上的公

---

[1] Allen Buchanan, "Justice as Reciprocity versus Subject – Centered Justice", *Philosophy and Public Affairs*, 19 (1990), p. 231.

[2] Hans J. Morgenthau, *Politics Among Nations*: *The Struggle for Power and Peace*, Alfred A. Knopf, 1963, p. 317.

[3] Thomas M. Franck, *The Power of Legitimacy Among Nations*, Oxford University Press, 1990, p. 114.

平即实质公平和对等性例外。为了实现这一目标，国际条约规范确立了"区别待遇条款"这一法律现象。国际条约中的"区别待遇"条款主要通过两种方式体现：其一，处于不同发展阶段和水平的缔约方承担不同的条约义务；其二，发展中国家缔约方获得发达国家缔约方的特别优惠或援助。

第二节　国际法"区别待遇"

影响国家权力的要素很多，按照汉斯·摩根索的论述，影响国家权力的要素有"地理""自然资源""工业生产力""战备""人口""民族性格""国民士气""外交质量"和"政府质量"。[1] 从现实角度来说，很难去识别哪一个要素对权力结构的影响更大。但不管怎么说，国际社会存在国家权力大小这一事实是不容置疑并会长期存在的。国家权力大小影响国家的行为能力，而国家的行为能力在国际法上体现为国际法利益的获取能力和国际法义务的履行能力。国际社会正在通过国际援助消除贫困、倡导可持续发展模式减少人类对环境的破坏等方式缩小国家能力的偏差，这些都是现实中的路径，不具备国际法上的严格意义。国际法的应对方式是什么？国际法对不同国际法主体实施区别待遇或称差别化待遇是一个显著方式。本节将从两个部分论述国际法区别待遇这一国际法律现象。第一部分论述国际法的区别待遇（内涵、产生原因和国际法律意义）；第二部分论述国际环境法上的区别待遇，并论证"共同但有区别责任"体现的国际环境法上的区别待遇。

---

[1] Hans J. Morgenthau, *Politics Among Nations: The Struggle for Power and Peace*, Alfred A. Knopf, 1963, pp. 167~169.

一、国际法"区别待遇"概述

区别待遇是一个法的现象。法律之所以有区别待遇这个现象，主要为了保护弱者以实现法实质公平的目标。[1]区别待遇普遍存在于国内法中，比如2008年《残疾人保障法》[2]对残疾人作了特别保障；2011年《个人所得税法》第3条对不同收入的群体实施不同的征税率等。区别待遇除了存在于国内法中还存在于国际法中。[3]

（一）"区别待遇"的概念

目前，"区别待遇"在国际法上没有一个统一且权威的概念。学术界一般从法的实质公平角度论述区别待遇。[4]如上文所述，区别待遇本身不是理论概念，而是法律上的一种现象，且区别待遇的表现方式是多样的。一般国际法上的区别待遇又可以被称为"特别和区别待遇"。区别待遇在国际经贸领域指的是贸易法律条款和机制中针对发展中国家和最不发达国家的条款，这样的条款不同于最惠国待遇，其目标是解决发达国家和发展中国家间的发展不平衡以及保证发展中国家和最不发达

---

〔1〕 从字面意义上看，"区别待遇"不仅包含对弱者的保护，还包括对强者权利的保护。第二次世界大战前国际社会签订的不平等条约，也是一种区别待遇，只不过这种区别待遇是掠夺者对被掠夺者的一种强加。清政府在鸦片战争时期签订的诸如《南京条约》等不平等条约，条约中所谓的"领事裁判权"从表面上看也是区别待遇。笔者仅讨论平等国际法主体意义上的"区别待遇"，区别待遇的本质是为了实现公平公正。对不平等条约及歧视性条约不作讨论。

〔2〕《残疾人保障法》，即《中华人民共和国残疾人保障法》，为表述方便，本书中涉及的我国法律直接使用简称，省去"中华人民共和国"字样，全书统一，不再赘述。

〔3〕 区别待遇在国际法上的体现将在下文展开论述。

〔4〕 Philippe Cullet, *Differential Treatment in International Environmental Law*, Ashgate Publishing, 2003；Lavanaya Rajamani, *Differential Treatment in International Environmental Law*, Oxford University Press, 2006.

国家履行贸易领域的法律义务。[1] 这个定义不仅表明了区别待遇的法律表现是条款，区别待遇的受惠方是"发展中国家和最不发达国家"，还揭示了区别待遇的目标为"解决发展不平衡和保证履约"，但并没有表明区别待遇中的"区别"要素究竟是什么。

根据鹿特丹大学国际法教授艾伦·海伊的考察，区别待遇最早出现在 1919 年《凡尔赛和约》[2] 第 405 条第 3 段[3]中。[4] 该条约在这部分提到了条约应该考虑"气候条件""工业化发展不足"等其他导致缔约方实质不同的因素。现如今，很多国际法文件都有对不同因素的描述，尽管用语有所不同。[5] 但条约仅包含"考虑或关注相关因素"这类用语对条约方并没有实质性的影响，更无益于增进对"区别待遇"的理解。为了探究

---

〔1〕 Edudardo Tempone, "Special and Differential Treatment", in http://opil. ouplaw. com/view/10. 1093/law: epil/9780199231690/law - 9780199231690 - e2159？ rskey = LIbUx3&result = 1&prd = EPIL，最后访问日期：2017 年 3 月 23 日。

〔2〕 有关 1919 年《凡尔赛和约》的背景，See Frank Schorkopf, "Versailles Peace Treaty（1919）", in http://opil. ouplaw. com/view/10. 1093/law: epil/9780199231690/law-9780199231690-e737，最后访问日期：2017 年 3 月 23 日。

〔3〕 1919 年《凡尔赛和约》第 405 条第 3 段的英文原文为："In framing any recommendation or draft convention of general application the Conference shall have due regard to those countries in which climatic conditions, the imperfect development of industrial organization or other special circumstances make the industrial conditions substantially different and shall suggest the modifications, if any, which it considers may be required to meet the case of such countries. ", in http://opil. ouplaw. com/view/10. 1093/law: oht/law-oht-225-CTS-188. regGroup. 1/225_ CTS_ 188_ eng. pdf，最后访问日期：2017 年 3 月 23 日。

〔4〕 Ellen Hey, "Common but Differentiated Responsibilities", in http://opil. ouplaw. com/view/10. 1093/law: epil/9780199231690/law - 9780199231690 - e1568？ rskey = TVXh1M&result = 1&prd = EPIL，最后访问日期：2017 年 3 月 23 日。

〔5〕 比如，1972 年《联合国人类环境宣言》第 12 项原则；1974 年《国际劳工组织章程》第 19 条第 3 款。

"区别待遇"到底有什么内涵,笔者用假定示例的方法来分析什么是"区别待遇"。

假定 A 和 B 两个国家共同为一项国际条约[1]的缔约方。A和 B 两个国家缔结国际条约承担的国际义务情况分别以 0(承担对等义务)、1(承担义务大)、2(承担义务小)和 3(获得额外援助)表示,其中 3 可以与其他情况相组合以"+"表示;结果表示是否为区别待遇,以"√"表示"为","×"表示"不为"(如表 2-1)。

表 2-1 国际条约"区别待遇"假定示例[2]

缔约方及承担义务情况		结果
A 国	B 国	
0	0	×
0	0+3	√
1	2	√
1	2+3	√

从上面的假定示例可以得知,在国际条约中只要出现两方权利义务不对等的情况就是国际法上的"区别";"区别待遇"有两层含义:承担较少的义务及额外援助或帮助。享受国际法区别待遇的主体是发展水平低及履约能力差的国际法主体;若不是发展水平低及履约能力差的国际法主体享受这种差别化待遇的话,就是不公平的差别待遇,也不应该被提倡。但在实际情况中,国际社会还存在着另外一种区别待遇,即消极意义上

---

[1] 国际社会还存在着一种为第三国创设权利的条约,此类条约不在笔者的讨论之列。

[2] 表 2-1 为笔者编制。

的区别待遇，比如 1968 年《不扩散核武器条约》中规定没有核武器的国家不能从事如接受、制造或获取任何核武器或其他核爆炸设施的工作；也不得寻求或接受任何有关的资助活动。[1]但该条约却对已拥有核武器国家的行为持保留态度。再如联合国安全理事会对常任理事国及非常任理事国的投票权重也存在差别化的待遇。从这个角度上说，国际社会存在两种区别待遇：（1）积极性的区别待遇，即权益或资源向实力弱小的国家倾斜；（2）消极性的区别待遇，即维持有影响力国家的权益或资源优势。消极性的区别待遇实则为了维持国际力量的均衡及大国力量，其政治意义远大于法律意义。尽管国际社会采取了一些减少消极性区别待遇的努力，比如将联合国安全理事会非常任理事国的数量从原来的 6 个席位增至 10 个席位。但要消除这种消极的区别待遇需要从根本上改变国际力量的对比结构，而这并不是单靠国际法就可以解决的。基于该原因，笔者对国际法上的区别待遇的讨论只涉及积极性的区别待遇。

综上，笔者理解的国际法区别待遇是指为了保证国际法公平且有效的实践，国际社会让发展水平低且实践能力（履约、咨商能力等）差的国际法主体承担较低水平义务或向其提供额外援助以保证实践的国际法现象，这一国际法现象存在于国际法规范或机制中。

（二）"区别待遇"存在的原因

1. 国际合作的需要——广泛参与度与不同参与度

区别待遇往往存在于共有物或国际社会共同利益领域内，而且在这些领域内，仅靠实力强的国家之间合作不能达到目标或效果。如何解决？第一个问题涉及"主体吸收"，即更广泛的

---

[1] 1968 年《不扩散核武器条约》第 2 条。

国家参与，这是区别待遇产生的前提条件；第二个问题涉及"如何说服更多主体的参与"，这属于国际关系和国际政治的问题。参与国家的参与行为对其有无利益（经济利益、声誉利益等），抑或即便没有显性的利益，会不会产生额外的负担？国家实力存在强弱之分是国际社会的现实。国家实力强弱随之带来的是参与能力的差别。参与能力的差别又主要表现为协商能力（组织、谈判等能力）和履约能力的差别。如果让实力弱的国家和其他国家承担一样高标准的国际法律义务或责任，这是不现实的，也是不公平的。这就引发出第三个问题：如何在国际法的框架下应对不同参与能力，即如何保证不同能力主体的参与度？不同参与度在国际法上体现为"是否承担法律义务或责任""法律义务或责任上大小之分""参与能力小的国家是否可以获得援助以保证参与"等。如果国际法不体现不同参与度的话，先不考虑参与能力弱的国家是否真的会参与，即便参与，建立的多边体制的现实效果如何？利益或目标无法实现，乐观的结果也只是以非常缓慢的速度实现利益或目标，那么，这样的合作成本显然比较高。

国际法上存在区别待遇既有国际合作的现实可能性——广泛参与度，也有多样化合作路径的现实必要性——不同参与度这两个条件。广泛参与度和不同参与度是国际法存在区别待遇不可或缺的两个要件。如果没有广泛参与度这种必要性的话，实力相当的国家可以以"俱乐部"的形式进行深度合作，无需将实力较弱的国家纳入其中。这也是为什么国际社会在外层空间法、国际海底开发等领域没有产生区别待遇的原因。如果只有广泛参与度却没有不同参与度的话，参与能力不同的国家无法就权利、义务和责任分担达成实质上的一致。即便通过妥协或压力达成了表面上的一致，义务和责任也无法得到有效的承担。

2. 发展中国家的推动——"建立新的经济秩序"的诉求

任何一个法律规则和法律现象都不是凭空产生的，国际法更是如此。区别待遇不是国际法的自生现象。国际法之所以能产生区别待遇，除了国际合作要求外，发展中国家对建立新的国际经济秩序的话语诉求本身为国际法实现区别待遇提供了较为坚实的国家实践支持。

发展中国家对建立经济新秩序的诉求有两次较大的"浪潮"。第一次为 20 世纪 40 年代末至 50 年代中期。这一时期许多亚非拉国家逐渐摆脱殖民地或半殖民地的状况，实现了民族独立，拥有了国家主权。这一时期发展中国家的诉求主要是实现自身经济发展。发展中国家认为经济独立和政治独立同等重要，并要求对国内自然资源享有主权和控制权。此外，发展中国家要求国际经济规则应该体现公平，给予发展中国家特殊待遇。发展中国家的经济公平诉求得到首次确认的领域为国际贸易法。[1] 1947 年《关税与贸易总协定》第 18 条确立了"经济水平低的缔约方不仅应获得其他缔约方的支持，还可以暂时不用履行协定规定的其他义务……"[2]的约定，尽管在国际贸易法领域体现了发展中国家"经济发展优先"的主张，但随着国际合作广度和深度的不断加大，发展中国家认为国际法存在强调形式平等、忽视国家间能力参差不足的实际情况。因此，发展中国家在 20 世纪 70 年代发起了"建立新的经济新秩序"活动，即第二次且影响最深远的"浪潮"。20 世纪 70 年代是国际社会开展多边合作的一个高峰，包括国际环境条约在内的诸多领域开始

---

[1] Philippe Cullet, "Differential Treatment in International Law: Towards a New Paradigm of Inter-State Relations", *European Journal of International Law*, 10 (1999), p. 565.

[2] Article XVIII, the GATT Agreement (1947).

了国际立法活动。"国际经济新秩序"的主张本质上是一种针对发展中国家的分配正义。[1] 1974年5月1日，联合国大会通过了关于"建立新的国际经济秩序的宣言"第3201号决议。该宣言承认了当时经济秩序和国际政治经济发展是不相适应的以及发展中国家和发达国家存在发展不平衡的问题[2]，并认为发展中国家应该获得资金和技术方面的援助。[3] 从国际法的角度来说，联合国大会的决议并不具备国际法上的约束力。从这个角度上看，第3201号决议的政治意义远大于法律意义。即便如此，发展中国家要求建立新的国际经济秩序的诉求在联合国这样的多边场合得到了确立，为国际法律规范确立和发展区别待遇条款提供了现实的可能性。随着各国在多领域开展合作，国际法从传统的外交、经贸领域逐步扩展至环境、海洋等领域，发展中国家对"经济秩序"诉求的重心发生了较大的转变，即从20世纪中叶要求的"经济独立和发展"转向现在的"国际责任公平负担"，国际环境法中的"共同但有区别责任"就是一个典型的表现。

（三）"区别待遇"的国际法律意义——从形式平等到实质公平

虽然促使国际法区别待遇这一现象出现的原因和因素不一，但区别待遇条款的确立和发展却推动了国际法从形式平等走向实质公平。区别待遇在国际法上的确立和发展表明了国际社会认识到了形式平等的局限性。虽然各国领土、人口等因素不会

---

〔1〕 M. W. Janis, "The Ambiguity of Equity in International Law", *Brooklyn Journal of International Law*, 9（1983）, p. 28.

〔2〕 United Nations General Assembly, "Declaration on the Establishment of a New International Economic Order", 1（1974）UN Doc Resolution 3201（S-Ⅳ）, para. 1; para. 2.

〔3〕 United Nations General Assembly, "Declaration on the Establishment of a New International Economic Order", 1（1974）UN Doc Resolution 3201（S-Ⅳ）, para. 4（o）;（p）.

影响其在国际法上的平等，但经济实力、政治影响力、自然资源储量等因素却影响甚至决定着国家是否能获得实质公平。除了本节第一部分所述的"考虑相关因素"外，国际法区别待遇已成为国际法某个领域或某个条约的基石，比如气候变化领域。区别待遇对国际法律规范的确立还具有一个现实的作用，即发展中国家在国际政治"舞台"借助国际法区别待遇提出实施区别待遇的主张，为"国际法区别待遇"真正得到落实提供合法性基础。这样的合法性基础为国际社会真正实现差别化对待及最终实现实质公平提供了机遇。

诚然，实现实质公平是国际法以牺牲普遍性和呈现复杂性为代价的。国际社会要实现实质公平显然需要很长的时间。国际法学者詹姆斯·克劳福特认为，区域多样化所带来的灵活性使得实现国际法普遍性这一目标是持久的。〔1〕尽管如此，国际法要实现真正意义上的普遍性，首先要考虑如何包容多样化或多元化，而区别待遇显然就是国际法对多样化包容所作的一个尝试。这样的尝试是对"历史根源""不同国情"与"不同能力"的多样化因素的包容与考量。当然，国际社会正在持续不断地寻找一种促进公平的法律机制以保证国际法既不过于复杂化也不会损害那些从区别待遇获得利益的国家。〔2〕

二、国际环境法上的区别待遇

国际环境法是国际法诸多领域中发展较晚的分支。直到 20 世纪 80 年代中叶，国际环境法才成为国际公法领域一个独立的

---

〔1〕 James Crowford, *Chances, Order, Change: The Courses of International Law*, Hague Academy of International Law, 2013, p. 341.

〔2〕 Phillip Cullet, *Differential Treatment in International Environmental Law*, Ashgate Publishing, 2003, pp. 83~84.

分支。[1]在此之前，国际社会已经开展了一系列保护环境相关的立法和司法活动，比如 1937 年"特雷尔冶炼厂仲裁案"确立了国际环境法中"领土无害原则"；1954 年《国际防止海上油污公约》的签订为后续大范围海洋污染国际公约的制定奠定了基础。但这段时期的立法和司法活动涉及的领域比较小，双边或区域间的问题占大多数。环境问题的真正国际化要追溯到 1972 年联合国人类环境会议。[2]会议后，国际社会承认了"臭氧层消耗""气候变化""生物多样化管理和保护""土地流失"等环境问题属于全球共有问题。为了应对和解决全球性环境共有问题，国际社会通过谈判的方式实现国际立法。区别待遇在国际环境法上的确立、形成和发展基本伴随着全球性环境协定的协商、订立和实践始终。

（一）国际环境法区别待遇的形成

1. 国际环境治理立场不一致——区别待遇的发端

区别待遇在国际环境法的发端并非自生，而是发展中国家和发达国家在国际环境会议上不同立场和观点相互碰撞的结果。如果发展中国家没有意识到对等环境义务或责任有不公平的因素，区别待遇就很难在多边环境体制中获得话语的"土壤"。

1968 年第 23 届联合国大会上，瑞典代表团向大会提议召开国际会议以关注人类环境的问题，通过国际合作并签订国际协议的方式发现和解决全球环境问题。[3]1972 年 6 月 5 日至 16 日在瑞典斯德哥尔摩召开了第一届联合国人类环境会议，会议共有 113 个国家代表、21 个联合国机构、16 个政府间国际组织和 258

---

〔1〕 Philippe Sands, *Principles of International Environmental Law* (3rd edn), Cambridge University Press, 2012, p. 3.

〔2〕 Philippe Sands, *Principles of International Environmental Law* (3rd edn), Cambridge University Press, 2012, p. 4.

〔3〕 United Nations General Assembly, "Problems of the Human Environment", 3 (1968) GA Res. 2398, para. 13.

个非政府组织参会，除东欧原共产主义国家外，与会各方几乎涵盖其余所有地区。[1]与会各方就三个议题展开讨论：（1）全球环境行动的框架和计划；（2）组织和资金安排；（3）确立"世界环境日"、筹备第二次环境会议等。其中前两个议题是核心议题。会议过程中，尽管与会各方都认可环境保护的重要性，但在"环境与发展""环境与责任分担""环境恶化的科学不确定"等问题上，发展中国家看法和立场和发达国家不一致。在"环境与发展"方面，发展中国家认为："世界上三分之二的人口面临着贫困、营养不良、文盲等严重问题，全世界应该先解决这个问题。除非贫困国家和富裕国家之间现实差距缩小，否则解决人类环境问题收效甚微；另外，环境问题应融入各国国内的发展规划，以避免走发达国家之前污染环境的路子，而且有利于高效地利用自然资源并提升人类的生活水准……此外，要充分考虑影响环境的因素，并在援助发展措施上有实质的提高。"[2]在"环境与责任分担"方面，发展中国家认为，发达国家应该对其自身应承担的责任有新的认识，并要求发达国家放松贸易保护、减少绿色贸易壁垒。[3]此外，技术和科学援助对发展中国家非常重要。[4]在"科学不确定"方面，有代表认为目前对环境问题的知识不准确，并建议建立国际性研究机构将研究成果向所有国家分享。[5]在

〔1〕 F. H. Knelman, "What happened at Stockholm", *International Journal* 28 (1973), p. 28.

〔2〕 United Nations, "Report of the United Nations Conference on the Human Environment" (1973), UN Doc A/CONF. 48/14/Rev. 1, para. 44.

〔3〕 United Nations, "Report of the United Nations Conference on the Human Environment" (1973), UN Doc A/CONF. 48/14/Rev. 1, para. 45.

〔4〕 United Nations, "Report of the United Nations Conference on the Human Environment" (1973), UN Doc A/CONF. 48/14/Rev. 1, para. 49.

〔5〕 United Nations, "Report of the United Nations Conference on the Human Environment" (1973), UN Doc A/CONF. 48/14/Rev. 1, para. 50.

诸多分歧中,"环境和发展"议题的争论最多。发展中国家还提出要区分两种导致环境污染的原因——为消除贫困导致的污染与为迅速工业化导致的污染。[1] 发展中国家提出这两种导致污染的原因有两个含义:(1) 发展中国家和发达国家都对全球环境造成了污染;(2) 发展中国家产生污染的原因是消除贫困,发达国家产生污染的原因是实现富裕发展。其中第二点含义明确提出了环境污染发生的原因有区别。1972 年《联合国人类环境宣言》在序言第 4 段中体现了发展中国家的这一主张:

在发展中国家中,环境问题大半是由于发展不足造成的。千百万人的生活仍然远远低于像样的生活所需要的最低水平。他们无法取得充足的食物和衣服、住房和教育、保健和卫生设备。因此,发展中的国家必须致力于发展工作,牢记他们的优先任务和保护及改善环境的必要。[2]

除此之外,发展中国家的特殊情况和要求、技术和资金援助也被写入 1972 年《联合国人类环境宣言》。除了笔者提到的承认"污染原因有别"外,1972 年联合国人类环境会议还在宣言中提出了建立机构和资金安排的建议,为联合国建立联合国环境规划署及相关全球性环境保护机构提供了动力,[3] 也为联合国建立环境基金提供了框架安排。[4] 1972 年联合国人类环境会议是发

---

〔1〕 R. P. Anand, "A NIEO for Sustainable Development", in Najib Al-Nauimi and Richard Meese (eds.), *International Legal Issues Arising Under the United Nations Decade of International Law*, Martinus Nijhoff Publishers, 1995, pp. 1209~1231.

〔2〕 United Nations, "Declaration of the United Nations Conference on the Human Environment", 16 (1972), UN Doc A/CONF. 48/14/Rev. 1, p. 1.

〔3〕 United Nations, "Report of the United Nations Conference on the Human Environment" (1973), UN Doc A/CONF. 48/14/Rev. 1, p. 29.

〔4〕 United Nations, "Report of the United Nations Conference on the Human Environment" (1973), UN Doc A/CONF. 48/14/Rev. 1, p. 30.

达国家和发展中国家首次针对全球环境问题开展对话，体现了南北方在全球环境治理中的不同主张和立场。尽管看法和立场略有不同，但会议宣言和决议也为"区别待遇"在国际环境法中萌芽提供了两方面的"土壤"：（1）承认环境恶化原因有别；（2）承认技术和资金援助对解决环境问题的重要性。虽然1972年的宣言和相关决议不是法律条款，没有法律约束力，但宣言和决议对"发展中国家特殊情况和需要"的确立为国际环境法上的"区别待遇"的确立提供了"土壤"。

2. 承担义务、实施方式的区别及特别援助——"区别待遇"的确立

区别待遇在国际环境条约中真正得到确立是在1985年《保护臭氧层维也纳公约》[1]及1987年《关于消耗臭氧层物质的蒙特利尔议定书》[2]两个文本中。除了重申发展中国家的国情和特殊需要外，"能力"这一要素被明确纳入该公约的体系。1985年《保护臭氧层维也纳公约》及1987年《关于消耗臭氧层物质的蒙特利尔议定书》将发展中国家的需要内化为具体的缔约方义务，比如，发达国家应通过有权的国际机构向发展中国家转让技术，并为发展中国家获取相关技术提供便利；议定书生效后年平均单位排放被管制物质量低于0.3千克的发展中国家拥有10年的履约宽限期等。1985年《保护臭氧层维也纳公约》及1987年《关于消耗臭氧层物质的蒙特利尔议定书》这两个国际条约在本质上实现了真正意义上的区分，即不仅在实施方式方面实现了区别化对待，更在资金和技术援助上给予了发展中国家特别的待遇。1989年7月27日联合国经济及社会理事会通过了关于"向发展中国家提供额外财政资源加强国际合作"的第

---

〔1〕 参见该公约第2（2）条及第4（2）条。

〔2〕 参见该议定书第5条。

1989/10 号决议。同年 12 月 22 日联合国会议通过了第 44/228 号决议，决议在减少贸易壁垒、更优惠的技术转让和更多的资金支持方面提出更高的要求。[1]

按照决议的建议，联合国于 1992 年 6 月 3 日至 14 日在巴西里约热内卢召开了第二届联合国环境与发展会议。与 1972 年第一届环境与发展会议不同的是，发达国家和发展中国家在"关注发展中国家的特别情况、需要和利益"议题上的争议不大。[2] 发达国家和发展中国家一致同意在文本上体现国际社会成员不同的需要和情况。[3] 此外，不同因素的考虑对象不单单是发展中国家，还包括环境脆弱型国家。

（二）"共同但有区别责任"——区别待遇的法律基石

尽管区别待遇在 1972 年《联合国人类环境宣言》初见端倪，并且在 20 世纪 80 年代的部分条约中得到了确立，但这种确立是非常零散的。区别待遇真正在整个国际环境法中得以确立并形成一项相关原则，还要追溯到 1992 年《联合国里约环境与发展宣言》。该宣言第 7 项原则认为：

各国应本着全球伙伴精神，为保存、保护和恢复地球生态系统的健康和完整进行合作。鉴于导致全球环境退化的各种不同因素，各国负有共同的但是又有差别的责任。发达国家承认，鉴于他们的社会给全球环境带来的压力，以及他们所掌握的技

---

〔1〕 United Nations General Assembly, "United Nations Conference on Environment and Development", 12 (1989) UN Doc GA Res. 44/228, para. 13 (i), (j), (k).

〔2〕 Mamadou Hébié, "Principle 6: Special Situation of Developing Countries", in Jorge E. Vinuales (eds.), *The Rio Declaration on Environment and Development: A Commentary*, Oxford University Press, 2015, p. 211.

〔3〕 Mamadou Hébié, "Principle 6: Special Situation of Developing Countries", in Jorge E. Vinuales (eds.), *The Rio Declaration on Environment and Development: A Commentary*, Oxford University Press, 2015, p. 211.

术和财力资源，他们在追求可持续发展的国际努力中负有责任。

该宣言第 7 项原则对国际环境法产生了一系列影响，其中最深远的影响是将国际环境条约中的区别待遇条款高度凝练成"共同但有区别责任"，并赋予了"共同但有区别责任"原则的高度。宣言第 7 项原则有三个国际环境治理内涵：（1）确认了环境领域内的国际合作原则；（2）确认了环境治理的责任方面，承认了不同国家有不同的责任；（3）确认了发达国家负有推动可持续发展的国际努力的责任。其中共同责任体现的是国际社会应该在全球环境治理方面承担的共同责任，并因此开展国际合作；区别责任指的是不同国家在承担具体的环境责任（责任大小和责任方式）时存在区别。"共同但有区别责任"阐述了国际环境法实施区别待遇的两点原因：（1）导致环境恶化的原因有别；（2）防治环境恶化的能力有别。这两点原因反映到具体义务和责任方面就是发达国家和发展中国家承担不同的义务，发达国家向发展中国家提供单独的援助。

"共同但有区别责任"是当今国际环境法区别待遇的法律基石。其一，它融合了 1972 年《联合国人类环境宣言》及后续国际法文件中的"考虑发展中国家的特殊要素"，承认了发展中国家应对能力不足这一现实。其二，"共同但有区别责任"确立了两类责任区分原因，即归因有别和能力有别。归因有别和能力有别是国际环境法实行区别待遇的重要逻辑。其三，"共同但有区别责任"落实到责任层面[1]，既要求国际社会共同承担保护环境的责任，也强调不同国家根据自身能力和国情承担不同的责任。"共同但有区别责任"没有一味地强调区别责任。实施责任存在差别化是为了使国际责任得到公平的负担和合理的分配。区别责

---

〔1〕 有关"共同但有区别责任"的"责任"内涵，笔者在第三节会详细论述。

任的基础和目的是共同责任；目标和责任应是共同的，具体义务和实施路径则是不同的。"共同但有区别责任"在1992年《联合国里约环境与发展宣言》确立后，许多国际环境条约都体现了该责任，比如《联合国气候变化框架公约》将其确立为一项原则；《京都议定书》依据这一原则，在强制减排义务方面区分了发达国家和发展中国家，要求发达国家单独承担强制的减排义务。

第三节　国际法责任和国际环境法责任

国际社会存不存在责任？或退一步说，国际社会成员（主要为国家）有无责任意识？如果有的话，责任的性质是什么？责任的内容是什么？责任如何追究？上述问题十分重要，它们关系到国际社会是否有秩序，更涉及国际社会是否有"牙齿"保证其有序的运作。上述问题又十分复杂，因为国际社会是否有秩序并无确定答案。从整体上看，世界上爆发的大小战争或非战争性冲突从未消止。虽然第二次世界大战后联合国等国际性机构得到了建立，但这并未保证国际关系按照既定的秩序开展。至于国际社会是否有"牙齿"来保证其按规则行事？答案显然是不尽如人意的，甚至是令人绝望的。尽管如此，在国际多边场合，"责任"或者"国际责任"被反复使用，比如，发达国家有责任带头应对气候变化；[1]美国声称俄罗斯应对阿萨德的化学武器攻击行为负责任；[2]作为联合国安全理事会成员

---

〔1〕"潘基文：发达国家有责任带头应对气候变化"，载 http://world.people.com.cn/n/2015/1204/c157278-27890776.html，最后访问日期：2017年4月7日。

〔2〕Alan Yuhans, Nadia Khomami, Jamie Grierson & Claire Phipps, "US says Russiabears responsibility for Assad's gas attack-as it happened", in https://www.theguardian.com/world/live/2017/apr/07/us-syria-response-donald-trump-assad-pentagon-live，最后访问日期：2017年4月7日。

国，中国一直严格履行自己的国际责任。[1]外交场合频繁使用责任一词，并不等于说责任的含义是整齐划一的。

一、国际责任的学理剖析

（一）国际责任的学理与共同责任的形态

1. 国际责任的学理

（1）"责任"的内涵

责任一词在不同的语境中会有不同意义，有道德意义、政治意义，也有法律意义。在社会生活中，人们常常说某人不负责任或者没有责任感。对一个公民而言，责任一词很容易被诠释为道德或家庭责任；对一个政治家而言，责任可能是政治抑或行政责任；对一个法学家而言，责任通常被考虑为法律责任。根据《牛津英语大词典》的解释，责任有三个含义。其一，对某事有处理义务或对某人有管理义务的状态或事实，比如，家长有照顾孩子的责任；其二，承担责任或因为某事受到责难的状态或事实，比如，一个人因其犯罪行为受到惩罚；其三，有独立行为或无须授权作决定的机会或能力，有机会或能力承担责任。[2]《牛津英语大词典》对"责任"一词的解释有三个方面的参考价值。首先，不问义务来源如何，义务属于责任的范畴；其次，有追责和惩戒的内涵；最后，责任的多寡依据能力大小发生改变。尽管如此，纯粹语义的剖析并不能全面解释"责任"一词。

"责任"有三个层面的含义：道德和伦理层面、法律和政治

---

[1] "2017年4月13日外交部发言人陆慷主持例行记者会"，载 http://www. fmprc. gov. cn/web/fyrbt_ 673021/t1453459. shtml，最后访问日期：2017年4月16日。

[2] Catherine Soanes, Angus Stevenson (eds.), *Oxford Dictionary of English*, Oxford University Press, 2006, p. 1501.

层面以及社会和文化层面。[1] 按照责任属性来源，又可将责任的属性分为内在和外在两个属性。其中，道德和伦理层面的责任属于内在属性，而法律和政治层面的责任属于外在属性。根据理查德·麦基恩的论述，社会和文化的责任指的是一个人所属的文化或文明对其施加的责任，是一种价值上的秩序。[2] 麦基恩没有明确将社会和文化的责任归于哪一类属性，但根据其论述，此种层面的责任属性内外兼有。社会和文化责任基本属于社会学研究范畴，笔者对这个层面责任的讨论仅限于此。事实上，道德和伦理上的责任及法律和政治上的责任是责任的两个主要内涵。[3]

责任的内在属性一般指的是责任的意识来源于个人的理性选择或行为可能产生的后果预设的标准，比如，一个人的行为标准是为了对家庭、社区和社会负责任或不违反规范。但如果责任来源于外在强力，该责任的属性即为外在的，比如，一个人的行为违反了社会规范乃至法律，那么这个人就应为先前的行为负责任。简单地说，责任的内在属性就是一个人在内心上对规范（道德、社会及法律规范）的遵守；责任的外在属性其实就是惩罚或制裁。责任的内外属性分别属于责任的第一性和第二性，麦基恩对责任的内外属性划分很有意义。责任的内外属性划分有利于理解个人行为和社会规范之间的纽带，也有利于厘清法律规范中遵守与执行的关系。另外，责任的主体不仅包括个人，还包括政府机构和国家，即"一个负责任的政府或国家"。在以政府和国家为责任

---

〔1〕 Richard McKeon, "The Development and the Significance of the Concept of Responsibility", *Revue Internationale de Philosophie*, 11 (1956), p. 5.

〔2〕 Richard McKeon, "The Development and the Significance of the Concept of Responsibility", *Revue Internationale de Philosophie*, 11 (1956), p. 5.

〔3〕 Ludwig Freund, "Responsibility–Definitions, Distinctions, and Applications in Various Contexts", in Carl J. Friedrich (ed.), *Responsibility Nomos* Ⅲ, The Liberal Arts Press, 1960, p. 29.

主体的语境中，责任的内外属性同样适用，比如国家有责任保护本国国民的权利、行政机构有责任履行法定的职责等。政府和国家的责任既来源于（公民的）意志，也来源于权力。[1]

由此可见，责任一词有多重含义。有的等同于义务，有的则属于程序意义上的责任，有的具备伦理意义，有的具备法律意义，有的具备政治意义；责任主体可以是个人，也可以是国家和政府；责任有可能来自道德规范，也可能来自法律规则，也可能来自权力等。责任的多重角色使其在不同的情境中具备不同的含义。

（2）"国际法责任"的内涵

"责任"正式进入国际法领域要追溯到 1949 年，时值联合国国际法委员会将"国家责任"作为一个议题纳入国际法编撰工作中。而在联合国国际法委员会对该议题进行讨论之前，"国家责任"已经在学术机构或组织内成为被讨论的对象，其中最有名的为美国哈佛大学法学院在 1929 年编撰的《国家对领域内外国人或外国财产造成损害的责任法》[2]。经过半个多世纪的努力，联合国国际法委员会在 2001 年通过了《国家对国际不法行为的责任条款草案》，并在 2011 年通过了《国际组织的责任条款草案》。这两个草案的通过为国际法主体承担国际责任奠定了基础。从实在国际法的角度说，当今国际社会所谈的国际责任基本是国家责任和国际组织责任。无论是国家责任还是国际组织责任，都涉及两个基本问题。其一，何时产生责任，即行为的定性和行为的归因性（"attribution"）；其二，如何承担责任，即责任的承担方式。这两个问题在前述的两个草案中都有相应的

---

〔1〕 J. Roland Pennock, "The Problem of Responsibility", in Carl J. Friedrich (ed.), *Responsibility Nomos Ⅲ*, The Liberal Arts Press, 1960, p. 24.

〔2〕 Harvard Law School Research in International Law, "The Law of Responsibility of States for Damage Done in Their Territory to the Person or Property of Foreigners", *American Journal of International Law*, 23（1929）, p. 131.

答案。根据 2001 年和 2011 年草案，行为违反国际义务[1]及结果归因于行为[2]会引发国际法上的国家责任；而"继续履行""终止及不重犯"及"赔偿"是国家和国际组织承担责任的方式。[3]国际法上的国家责任和国际组织责任属于责任的次级规范或称第二性规范。国际法上的责任和法律上的责任意义相同，国际社会除了国际法律责任外，还有伦理责任。国际关系中伦理责任虽然不及国际法律责任那般实证化，但却像一只无形的"手"保证国际社会不会过于偏离正常的轨道。事实上，国际法上如"保护的责任""人道""可持续发展"等理念和原则都与国际责任中的伦理要素息息相关。否则，一国会基于何种理由关心他国境内发生的事，关心和现时、此地利益无关的事？很显然，除了经济利益外，国际社会必然存在着最低的伦理标准和道德底线。而这样的伦理标准和道德底线就是国际关系责任的伦理特性。[4]正是国际关系存在某种伦理责任，使得"国际责任"一词在国际场合被反复援用，并成为各国开展对话和合作的"黏合剂"。但国际责任的多重含义（法律、伦理等）也使

[1] United Nations International Law Commission, "Draft Articles on Responsibility of States for Internationally Wrongful Acts" (2001), Article 1; United Nations International Law Commission, "Draft Articles on the Responsibility of International Organizations" (2011), Article 4 (b).

[2] United Nations International Law Commission, "Draft Articles on Responsibility of States for Internationally Wrongful Acts" (2001), Chapter Ⅱ; United Nations International Law Commission, "Draft Articles on the Responsibility of International Organizations" (2011), Article 4 (a).

[3] United Nations International Law Commission, "Draft Articles on Responsibility of States for Internationally Wrongful Acts" (2001), Article 29, Article 30, Article 31; United Nations International Law Commission, "Draft Articles on the Responsibility of International Organizations" (2011), Article 29, Article 30, Article 31.

[4] Daniel Warner, *An Ethic of Responsibility in International Relations*, Lynne Rienner Publishers, 1991, pp. 9~23.

得国际责任一词很难被定义。在国际多边场合中，国际责任是一个被频繁使用的词，有的时候具有政治意义，有的时候具有法律意义。如何判断何时具有政治或法律意义？一个方法是在结合具体情形的基础上，考察被提到的责任是否有实在国际法的基础。

2. 共同责任的三种形态

实际情况中，国际责任如果只在两个主体（一个致害主体和一个受害主体）之间发生，问题相对简单。但在有些情况下，致害主体会出现两个或两个以上，这在国际环境问题尤为常见。致害主体的多方性产生一个问题——多个行为和结果之间的关联（或称因果关系）是什么？确立因果关系非常重要，其不仅对责任的最终确立起着关键作用，还涉及如何在行为主体间进行责任分担。按照因果关系，又可以将其分为：竞合型责任、累积型责任和连带型责任。

（1）竞合型责任

竞合型责任指的是在多个责任主体中，单个主体的行为都会造成最终的结果，因而每个责任主体均承担责任。如图2-1所示，处于河流上游的两个国家（分别为A国和B国）共同排污，造成下游国家河水污染的结果。排污的A国和B国的单个排污行为均对下游国家造成了环境损害。竞合型责任中，受损害的一方可以向任何一个主体追责。

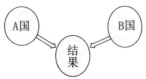

图2-1　竞合型责任行为与结果关系示意图〔1〕

---

〔1〕　图2-1为笔者绘制。

（2）累积型责任

累积型（或称叠加性）责任指的是在多个责任主体中，单个主体的行为属于不同种类，且单个行为不足以造成损害结果，损害结果的发生是多个主体不同行为的叠加造成的，因而所有行为方均应承担责任的情形。累积型责任的行为类别有不同种类，比如有的实施直接损害行为，有的实施帮助行为。对此，联合国国际法委员会2001年《国家对国际不法行为的责任条款草案》在第4章"与他国行为相关的国家责任"中列举了"帮助或援助""指令和控制"和"强迫"情形，并认为实施前述行为的他国与直接实施行为的国家一同为国际不法行为者。[1]如图2-2所示，A国和B国的单个行为无法对第三国造成损害结果，但A国和B国的两类行为叠加造成了损害结果。累积型责任中，所有参与和实施的主体均须承担责任，受害方须向所有行为方追责。

图2-2　累积型责任行为与结果关系示意图[2]

（3）连带型责任

连带型责任是指在多方责任主体中，每个主体的行为属于同一种类，并都造成了最终结果的责任情形。连带型责任中的每个主体均须承担责任，受损害方可以向任何一个责任主体追

---

〔1〕 United Nations International Law Commission, "Draft Articles on Responsibility of States for Internationally Wrongful Acts"（2001）, Chapter Ⅳ.

〔2〕 图2-2为笔者绘制。

究责任。连带型责任在 2001 年《国家对国际不法行为的责任条款草案》第 47 条中有相应的体现（如图 2-3）。

图 2-3　连带型责任行为与结果关系示意图[1]

竞合型责任、累积型责任和连带型责任的区别在于"行为数和结果之间的关系"。竞合型责任表现为"一行为一结果"；累积型责任表现为"多个且多类行为一结果"；连带型责任表现为"一类但多个行为（拟制）为一结果"。

在环境领域中，这三种责任类型均可能存在；在气候变化领域中，很难将气候变化的责任单纯归类于前述多方责任形态的任何一种，原因至少有两点。其一，竞合型责任不适用。竞合型责任适用的前提是一行为一结果，首先需要证明多个国家中的任何一个国家的行为足以导致气候变化，但目前的科学数据并不能支持这一说法。其二，累积型责任和连带型责任适用有疑问。累积型责任和连带型责任的区别在于行为的"种类"。引起气候变化的抽象行为种类为"温室气体的排放"，但具体行为种类却很多，如化石能源的消耗、氟利昂的使用、森林的破坏等。行为的种类指的是抽象种类还是具体种类？如果指的是抽象行为，那么气候变化的多方责任形态可以归类为"连带型责任"；如果指的是具体行为，那么气候变化的多方责任形态可以归类为"累积型责任"。这说明引起气候变化的行为种类是值

---

〔1〕　图 2-3 为笔者绘制。

得商榷的。笔者认为,在不考虑司法层面责任追究的情况下,将气候变化的多方责任形态归类为"连带型责任"或"连带型责任",其理论意义远大于实践意义。无论认为不同类的排放行为导致一个结果还是将多个排放行为认为拟制为一同类行为都可以为国际社会承担共同责任提供法理基础。另外,国际法中国家责任规则不完全适用于环境领域。[1] 比如:(1)当代社会对环境造成的损害不能完全被避免[2],排放温室气体并非国际法上的禁止行为;(2)造成环境损害的原因复杂且涉及面广,造成环境破坏的主要不是国家而是公司或企业等;况且,国际社会承担责任的原因很多,比如经济诱导、伦理、声誉等。

二、国际环境法责任

"国际法通过将规则适用到环境损害,将环境问题国际法化。国际法中的国家责任原理为国际法执行提供了基础。"[3]自国家责任适用于国际环境领域伊始,对条约法或习惯国际法的违反使得受害国可以向侵害国提起赔偿请求,提起赔偿可以通过外交手段也可以通过和争议问题有关的国际司法机构解决。[4]国际环境法上的责任和一国国际环境法上的权利和义务息息相关。国际法上"一国对本国领域的自然资源的主权"及"一国

---

〔1〕 Céline Nègre, "Responsibility and International Environmental Law", in James Crawford, Alain Pellet, and Simon Olleson (eds.), *The Law of International Responsibility*, Oxford University Press, 2010, pp. 803~804.

〔2〕 Céline Nègre, "Responsibility and International Environmental Law", in James Crawford, Alain Pellet, and Simon Olleson (eds.), *The Law of International Responsibility*, Oxford University Press, 2010, pp. 803~804.

〔3〕 Tim Stephens, *International Courts and Environmental Protection*, Cambridge University Press, 2009, p. 65.

〔4〕 Malcom N. Shaw, *International Law* (7th edn), Cambridge University Press, 2014, p. 589.

行使主权不得对他国造成损害"这两项原则是各国国际环境法权利和义务的基础原则，同时也反映了国家对他国造成环境损害应负国家责任的原则。1972年《联合国人类环境宣言》第21项原则确立了这一精神。[1] 1992年《联合国里约环境与发展宣言》第2项原则重申了这一理念。[2] 除了软法文件外，一些国际条约如1982年《联合国海洋法公约》第194条第2款及1992年《生物多样性公约》第3条都确立了"一国行为不造成他国损害"原则。国际司法判例方面，1941年"特雷尔冶炼厂仲裁案"[3]、1949年"科孚海峡案"[4]、1957年"拉努湖仲裁案"[5]、1996年"有关核武器使用或危险合法性咨询案"[6]及1997年"加布大毛罗斯水坝案"[7]进一步确立了国际法中一国对他国导致损害的国际责任。

"国际行动发生在国家间，依赖于国家责任理论。"[8] 亚历山大·基丝和黛娜·谢尔顿认为，环境损害导致的法律后果有

〔1〕 United Nations Enviroment Programme, "Stockholm Declaration of the United Nations Conference on the Human Environment" (16 June 1972) UN Doc A/CONF. 48/14/Rev. 1, p. 5.

〔2〕 United Nations General Assembly, "Annex I of Report of the United Nations Conference on Environment and Development" (12 August 1992) UN Doc A/CONF. 151/26 (Vol. I), para. 25.

〔3〕 *The Trail Smelter Case* (*United States v Canada*) (*Judgment*) [1931], 3 *UN Reports of International Arbitral Awards* (1941), p. 1905.

〔4〕 See *the Corfu Channel Case* (*United Kingdom v Albania*) (*Judgment*) [1949].

〔5〕 *The Lake Lannoux Arbitration Case* (*Spain v France*) (*Arbitration*) [1957], 12 *UN Reports of International Arbitral Awards* (1975), p. 281.

〔6〕 *The Legality of the Threat or Use of Nuclear Weapons* (*Advisory Opinion*) [1996], International Court of Justice Reports (1996), p. 226.

〔7〕 *The Gabčíkovo - Nagymaros Project Case* (*Hungary v Slovakia*) (*Judgment*) [1997], International Court of Justice Reports (1997), p. 7.

〔8〕 Alexandre Kiss, Dinah Shelton, *International Environment Law* (3rd edn), Transnational Publishers Inc, 2004, p. 316.

两个责任，即违反国际法的国家责任和国家行为导致损害的责任，后一种责任为严格责任，即不考虑过错的责任。[1] 责任和义务相关，而严格意义上责任则与风险负担有关。[2] 国际环境法责任的两种不同含义在某些国际条约上也作了区分，比如1982年《联合国海洋法公约》第139条、1972年《外空物体所造成损害之国际责任公约》第1条和第12条。

　　和其他领域的国际法责任一样，国际环境法责任同样要确定谁是责任主体。环境问题有其特殊的情况，即环境事件的主体往往不是国家，而是企业等私主体。在这种情况下，追究国家责任在法理上是行不通的，且严格责任理论受到了挑战。对此，国际法研究院院士卡尔·扎曼尔克提出，国家为什么要对非国家的私主体行为负严格责任？即便主张造成环境损害的私主体行为属于国家行为，国家也完全可以证明该私主体不属于国家控制的实体或机构。[3] 针对这一问题，有学者提出国家获益主张，即国家因为从私主体的行为中获得了经济利益，所以国家应对受害国负有赔偿责任，而造成损害的私主体不具备承担国际责任的资格，只需要承担国内的民事责任。非严格性责任涉及一个重要的因素——谨慎义务，即国家有义务通过立法和行政措施，以保证他国和全球环境不受破坏。谨慎义务在国际环境法领域主要体现为风险预防原则。[4] 谨慎义务是行为义

　　〔1〕 Alexandre Kiss, Dinah Shelton, *International Environment Law* (3rd edn), Transnational Publishers Inc, 2004, p. 317.

　　〔2〕 Alexandre Kiss, Dinah Shelton, *International Environment Law* (3rd edn), Transnational Publishers Inc, 2004, p. 316.

　　〔3〕 Karl Zamanek, "State Responsibility and Liability", in Winfried Lang, Hanspeter Neuhold & Karl Zamaek (eds), *Environmental Protection and International Law*, Graham & Trotman Limited, 1991, p. 195.

　　〔4〕 Patricia Birnie, Alan Boyle, Catherine Redgwell, *International Law & the Enviroment* (3rd edn), Oxford University Press, 2009, p. 216.

务,而非结果义务,[1]也就是说,考察一个国家是否履行了谨慎义务,应看其是否在行为中体现了审慎。

国际环境法责任的特殊性给识别责任主体带来了一定的难度,但确定责任主体却非常重要。在国际实践中,确认国际环境责任主体有两个途径。其一,如果损害行为处于民事责任国际条约的规制之下,则不适用国家责任制度,比如1993年《对环境造成危害活动的民事损害责任公约》等;其二,如果损害行为不处于相关民事责任国际公约规制之下,考虑适用国家责任制度,此种情形下,国家对损害行为负全部责任或补充责任;比如在外空物体致损事件中,行为国负全部责任,在某些情况下,国家承担补充性责任。比如在1988年《南极矿产资源活动管理公约》中,开发者对南极环境、第三方等造成损害承担责任[2],但如果开发者承担的责任份额不能弥补损害,除非缔约方证明其尽了谨慎义务,否则应承担补充责任。[3]

由此可见,国际环境法存在着三种责任,即一般国际法责任、严格意义上的国家责任和国际民事责任。前两种责任主体为国家,后一种责任主体主要为私主体,国家只承担特定情况下的补充责任。需要说明的是,确认国际环境法责任主体仍要遵守条约优先的原则,在没有条约的情况下,再遵照联合国国际法委员会在2001年和2006年通过的两个草案。

---

[1] Xue Hanqin, *Transboundary Damage in International Law*, Cambridge University Press, 2003, p. 165.

[2] Article 8 (2), Convention for Regulation of the Activities on Antarctic Mineral Resources (November 25, 1988).

[3] Article 8 (3), Convention for Regulation of the Activities on Antarctic Mineral Resources, (November 25, 1988).

第三章
"共同但有区别责任"与气候变化国际法依据

"共同但有区别责任"作为国际环境法区别待遇的法律基石，叙述了国际社会治理全球环境问题的路径与方法。自《联合国气候变化框架公约》将其作为条约的一项原则开始，"共同但有区别责任"原则就成为一项至关重要的法律逻辑和法律概念，并不断成为学界讨论的对象。从条约内容上看，原则的内涵是极其抽象的；从缔约方讨论上看，原则的要素又是具象和灵活的，且与公约的表述并不完全一致。"共同但有区别责任"形成于1992年《联合国里约环境与发展宣言》，在《联合国气候变化框架公约》成为一项原则。该原则的内涵和要素在极其短暂的时空内是否发生了演变？原则的内涵是什么？另外，"共同但有区别责任"在气候变化国际法律文件中的表现是什么？中国政府历年来对"共同但有区别责任"的解释是什么？中国立场观点有无变化？本章试图对前面提出三个的问题作出回答。本章分为两个小节：第一节讨论"共同但有区别责任"的内涵。第一节第一部分分别讨论"共同责任"和"区别责任"的含义，第二部分论述"共同责任"与"区别责任"之间的关系。本章第二节以气候变化国际法为视角，从国际环境宣言或报告、气候变化国际条约及缔约方大会报告看"共同但有区别责任"是如何被解释的，进而对原则的内涵是什么进行考察。本章第三节梳理和总结中国政府20多年来对"共同但有区别责任"的解释是什么，以此得出中方这一立场的"变与不变"各自表明的内容是什么。

第一节 "共同但有区别责任"的学理内涵

一、"共同责任"与"区别责任"的各自含义

（一）"共同责任"的含义

奥斯卡·沙赫特指出，国际社会存在国家间共有的目的或价值。[1]国际法院前法官克里斯托弗·格雷戈瑞·威拉曼特里在 1997 年国际法院"加布大毛罗斯水坝案"的单独意见中特别提到："国际法已经进入这样的一个时代——国际法不仅服从单个国家的利益，还超出国家及国家狭隘的关切之外去服从人类和地球福祉更大的利益……"[2]"共同责任"的理念来源于"全人类共同关切"和"人类共同遗产"。[3]与其他根本价值一样，环境保护也被认为是人类的共同关切。[4]人类共同关切最早出现在涉及自然资源开发的国际条约中，1946 年《国际捕鲸管制公约》序言载明："保护鲸类及后代享有丰富的自然资源，乃全世界的利益……尽快实现鲸类资源达到最适当的水准，乃共同的利益。"[5]此后在 1952 年《北太平洋公海渔业资源养护和

〔1〕 Oscar Schachter, *International Law in Theory and Practice*, Martinus Nijhoff Publishers, 1991, pp. 27~30.

〔2〕 "Separate Opinion of Vice-President Weeramantry", in "Gabčíkovo-Nagymaros Project Case" (*Hungary v Slovakia*) (*Judgment*) 〔1997〕, p. 118.

〔3〕 Lavanya Rajamani, *Differential Treatment in Environmental Law*, Oxford University Press, 2006, p. 134.

〔4〕 Alexandre Kiss, Dinah Shelton, *International Environmental Law* (3rd edn), Transnational Publishers, 2004, p. 32.

〔5〕 Preamble, "International Convention for the Regulation of Whaling" (December 2, 1946).

管理公约》[1]、1959 年《南极条约》[2]及 1968 年《非洲自然
界和自然资源保护公约》[3]等国际条约中都有相应的体现。在
国际社会,"共同关切"是一个一般性概念,不会产生具体的规
则和义务,却为相关国家采取集体行动提供理念上的基础。"共
同关切"本身暗含保护自然资源的全球责任。[4]除了"共同关
切"外,国际环境法还有"人类共同遗产"的理念。该理念
和古老的法律概念——无主物[5]和共有物[6]不同。"遗产"
一词传达出这样的观念:属于不可被国家任意使用而应该被共
同保护的区域或对象。[7]国际社会公认的共同遗产涉及月球、
公海及海底区域、南极、电信频谱、地球同步卫星轨道及人类
文化遗产遗迹等。[8]共同遗产强调的是秉持保护、良好管理或
明智使用的精神对遗产进行和平和理性利用的责任。[9]无论是
"共同关切"还是"共同遗产",两者的价值和目的都是对公
共物品的保护和合理使用,且这种保护和合理使用是国际社会
的"共同"行动和"共同"责任。"共同"指的是每个国家均

---

[1] Article II(8),"Tokyo Convention for the High Seas Fisheries of the North Pacific Ocean"(May 9, 1952).

[2] Article 9,"The Antarctic Treaty"(December 1, 1959).

[3] Preamble,"African Convention on the Conservation of Nature and Natural Resources"(September 15, 1968).

[4] Alexandre Kiss, Dinah Shelton, *International Environmental Law*(3rd edn), Transnational Publishers, 2004, p. 34.

[5] 无主物指的是不属于任何人并可以被自由使用或占有的物。

[6] 共有物指的是属于不被个人占用,共同所有且可被共同使用的物。

[7] Alexandre Kiss, Dinah Shelton, *International Environmental Law*(3rd edn), Transnational Publishers, 2004,, p. 35.

[8] Alexandre Kiss,"The Common Heritage of Mankind:Utopia or Reality?", in Koen De Feyter(ed.), *Globalization and Common Responsibilities of States*, Ashgate Publishing, 2013, pp. 92~105.

[9] *Alexandre Kiss*, *Dinah Shelton*, International Environmental Law(3rd edn), *Transnational Publishers*, 2004, *p. 35*.

会受到风险的影响，每个国家的（污染）[1]行为均会对地球产生风险。[2]在国际环境法的语境中，共同一词有两个方面的内涵——风险共负及责任共担。

风险共负比较容易理解。环境问题具有连锁反应的特点，一旦一个国家或区域爆发环境灾难，灾难不但破坏发生国也会波及邻国乃至更广的范围。但凭什么责任共担？根据联合国国际法委员会2001年《国家对国际不法行为的责任条款草案》第2条的内容，产生国家责任有两个条件——结果归因国家及相关国家行为违反国际义务。联合国国际法委员会2006年《危险活动所致跨界损害案件中损失分配原则草案》认为，产生国家责任的条件仅"结果归因"即可。对造成环境损害的国家来说，让其承担相应责任不存在什么问题，但让国际社会全体成员承担责任的基础是什么？实际上，联合国国际法委员会在对该草案的使用范围中已经明确指出，2001年和2006年两个草案不适用于国际公共物。[3]很显然，依照2001年和2006年这两个草案并不能完全解决这个问题。

笔者认为产生责任的共同基础有两个：（1）多个国家的行为造成了单个损害结果；（2）该损害结果的发生无法归因于任何一个致损国家，即无法单个归因。"单个结果"是国际社会承担共同责任的基础。如果每个国家的行为可以对应一个损害结

---

〔1〕 "污染"一词为笔者特别标注。

〔2〕 Christopher D. Stone, "Common but Differentiated Responsibilities in International Law", in Koen De Feyter (ed.), *Globalization and Common Responsibilities of States*, Ashgate Publishing, 2013, p. 33.

〔3〕 United Nations General Assembly, "Report of the International Law Commission" (16 August 2012) UN Doc A/57/10, para. 447; United Nations International Law Commission, "Draft principles on the allocation of loss in the case of transboundary harm arising out of hazardous activities with commentaries" (2006) UN Doc A/61/10, p. 112.

果，就不存在共同责任的问题。相反，多个国家的行为造成一个损害结果，单独责任就无法划分，即责任份额无法确定。"单个结果和整体归因"是共同责任的法律逻辑。如果国家不打算承担责任，必须证明自己的行为没有造成损害结果，这种举证难度在全球环境问题上是极高且几乎是不可能实现的。比如在气候变化领域，没有一个国家敢于公开承认本国没有向大气排放温室气体。

但是，仅仅解决"共同归因"并不等于就可以让国家承担责任。在责任构成要件方面，归因是必要不充分条件。即便国际社会各个成员不否认共同归因，但凭什么就要承担责任呢？况且国际社会不存在一个超越国家之上的权力机构来追究国家责任。国际环境法的共同责任并非简单的实在法责任。笔者认为国际环境法上的共同责任具备三个层次的含义。第一个层次为理念意义上的环境责任——全人类对环境的共同保护责任；第二个层次属于政治意义上的共同应对责任——国际社会解决共同环境问题应负的共同应对责任；第三个层次属于实在法意义上的法律责任——国际条约等法律文件确立的共同法律义务。

（二）"区别责任"的含义

简单地说，区别就是不同；区别责任就是不同的责任。但简单的语义反复显然不能增进对"区别"一词的理解。实际生活当中，区别是个普遍的现象。以简单的买卖合同关系为例，一方交货另一方付款，合同双方承担的不同义务是一种区别或不同。区别也同样存在于国际社会，比如国际条约中规定不同国家承担力度不同的法律义务，这也是一种区别或不同。如前文对"责任"一词词源的考察一样，机会或能力的不同本身意味着责任的不同。从这个角度说，责任存在区分表现根植于责任的"基因"中。对向（或称双务）法律关系中出现区分极其正常，毕竟主体不同必然会导致义务和责任的不同。笔者所讨论的责任区别化问题指的是不同主体承担同一类义务、实施力度和实施方式的区别。国际条约按照主体数量可以分为双边条约和多边条约。双边条约义务的区别如同双务合同，是一个很表象化的区别。对双边条约，笔者不作讨论。笔者要讨论的是多边条约的区别责任。在国际法中，多边条约出现区别责任是个很有意思的现象。一方面，它不符合通常理解的国家权利义务对等概念；另一方面，区别责任并非在所有国际多边体制得到普遍性适用。[1] 多边协议中的"区别"要素表现为承担义务上的不同，且没有统一的表现形式。[2] 多边条约的"责任"同样也表现为义务。国际环境法中存在区别责任有两个公认的理由：（1）造成环境恶化的国家贡献有别；（2）应对能力有别。国家贡献有别主要体现为历史贡献有别。

　　历史贡献有别是国际环境领域产生区别责任的原因之一。历史贡献有别有两个原因：（1）发达国家的工业化过程先于发展中国家，发达国家在工业化进程中对环境造成了损害；（2）发达国家的环境损害早于发展中国家。发达国家为什么要负历史责任？从实证法的角度来看，在发达国家的工业化进程中，国际社会还没有保护全球环境的国际法规范。况且，工业化行为与环境污染的科学联系在那时也没有建立起来。笔者认为，此种历史责任是个伦理责任。正如约翰·罗尔斯所言："应在历史维度的合作体系中去领悟一个民族的生活。"[3] 国际社会的合作不仅存在于过去，还存在于现在和未来，这样的合作需要我们

---

〔1〕　对这两个方面问题的解释见本书第二章。

〔2〕　Christopher D. Stone, "Common but Differentiated Responsibilities in International Law", in Koen De Feyter（ed.）, *Globalization and Common Responsibilities of States*, Ashgate Publishing, 2013, p. 34.

〔3〕　John Rawls, *A Theory of Justice*, Harvard University Press, 1999, p. 280.

对历史负起责任,并展望未来。[1]历史责任是对环境治理"搭便车"行为的的否定。发达国家在工业化进程中不仅获得经济利益,同时也对当今环境造成了破坏。治理环境的行动和成本应该先由发达国家负担责任。

随着新兴经济体和发展中国家不断步入工业化,发展中国家在工业化过程中同样也对全球环境造成了破坏,这也使得当今国际环境治理不能仅靠历史责任就可以绝对排除发展中国家的责任。除了历史归因有别外,环境责任有别显然也存在着现实理由。否则,区别责任就会呈现出"发达国家承担责任,发展中国家不承担责任"这样的模式。虽然从理论上讲,这也是一种区别责任,但现实中发达国家无论如何都不会一直同意承担单独责任。现实理由不规避发展中国家在当今工业化进程中的环境责任,它强调发展中国家和发达国家一样要对环境问题负责任,只是发展中国家当前的能力有限,无力承担与发达国家同等水平的责任。

应对能力和历史归因属于不同维度的区别理由。应对能力属于事实理由。应对能力有别指的是各国因发展水平、技术能力等不同国情而导致的环境治理能力及履约能力的区别。国际社会成员发展不平衡必然引起应对能力差别化现象。应对能力差别在国际环境领域通常表现为资金能力和技术能力上的差别。应对能力差别在区别责任上属于发达国家的单独责任,体现为"发达国家为援助责任方,发展中国家为受援助方"的模式。

---

[1] Edith Brown Weiss, "Environmental Equity and International Law", in Sue Lin (ed.), *UNEP's New Way Forward*: *Environmental Law and Sustainable Development*, United Nations Environment Programme, 1995, p. 8.

二、"共同责任"与"区别责任"的关系

国际环境法文件（宣言和条约）对共同责任和区别责任的总体表述无一例外地表现为"共同但有区别责任"。连接词"但"是这两类责任之间的纽带。为什么不是"共同和区别的责任"？首先，如果是共同和区别的责任。那么从语义上讲，这两者会是并列关系。其次，既然是并列的两个责任，这两个责任在理论上应该有各自相对独立的责任体系（包括责任主体、责任内容和责任方式）。但实际上，除责任内容外，"共同责任"和"区别责任"的责任主体和责任方式是重合的，即责任主体和责任方式均为国家和国家履约。最后，既然责任主体和责任方式是重合的，共同责任和区别责任并列式结构就基本没有意义，甚至会造成履约模式的混乱。

"共同但有区别责任"的内在逻辑和假定的"共同和区别责任"完全不一样。笔者认为，"共同但有区别责任"是以一个责任——保护全球环境的共同责任为整体。在这个整体内将共同责任按照历史和现实归因不同及应对能力不同划分为不同的责任——区别责任。

1. 共同责任是区别责任的前提

为什么会产生区别责任？除了本书第二章论述的"广泛参与度"和"不同参与度"外，保护环境的共同义务和责任是前提。如果没有共同义务和责任这个前提，区别责任中的"责任"最终的指向是什么？显然不是简单的资金援助和技术转让、不同的温室气体减排量等。在所有明确将"共同但有区别责任"纳入文本的国际环境条约或协定中，缔约方的共同责任基本都放在约文中除用语定义外的首要位置，比如1992年《框架公约》第2条明确规定了公约缔约方的责任——"将大气中温室

气体的浓度稳定在防止气候系统受到危险的人为干扰的水平上"。如果没有一个总体责任，区别责任的最终归属是空洞的。如果没有共同责任，何来的区别责任？共同责任是缔约方开展合作、具备广泛参与度的出发点。只有具备合作和参与的目标，才可能产生责任的不同分担问题。

2. 区别责任是实现共同责任的必由路径

确定了共同责任，如何承担或实施？这涉及责任如何负担的问题。在国际法某些领域中，比如，反恐、外交、领土等高阶政治领域，基本不存在责任的差别化问题，即按照条约或习惯法的要求，平等负担责任或义务。但在经济、环境、社会、文化等低阶政治领域，往往会出现责任的差别化问题，即不同主体在同一时期和不同时期承担不一样的义务或责任。区别责任存在的目的不是"稀释"共同责任，而是为了实现共同责任。区别责任是当代国际法渐进式发展的一个必然路径，区别责任的最终目的是实现共同责任。在国际环境法中，区别责任（区分义务和单独责任）的服务对象是国际社会成员实现条约或协定中预设的目标，最终实现保护某一环境领域的责任。

需要说明的是，笔者论述的"共同责任是前提和目的"这一主张绝非弱化区别责任的重要性。在国际环境法领域，共同责任通常体现为国际总目标，但这样的国际总目标要得到切实的实施，是要靠一个个具体的法律义务来实现的。不同国家承担不同且具体的责任，其目的就是落实国际条约的共同目标。因此，区别责任是具体落实共同责任的一个必经的方法或路径。发达国家和发展中国家对"共同但有区别责任"的争议焦点从来不是否定共同责任的存在，而是责任如何区分——谁承担更大的责任及承担的份额。[1]

共同但有区别责任是一个混合了"伦理""政治"和"法律"意义上的责任。这种法律的责任和国内法的责任又不一样。共同但有区别责任中的"责任"是不具备次级规则意义的责任，即国际法上的"责任"。"共同但有区别责任"不具备次级责任含义的原因有两个方面。一方面，缔约方特别是发达国家缔约方自始至终没有承认"共同但有区别责任"的"责任"是一种法律责任，[2]全体缔约方对此从未达成共识。另一方面，共同但有区别责任制度设计的初衷并不在于追究各国的法律责任，而在于如何公平负担责任。笔者认为，无论是共同责任还是区别责任，责任产生的起点是"全球环境保护的理念和伦理"，经过科学的确定和国际谈判，确立了国际条约或协定的总目标，形成了法律意义上的共同责任。共同责任需要得到具体落实和实施，产生了法律责任的划分，法律责任（非次级规则意义上）的划分体现为具体法律义务上的划分及资金与技术的单独责任，此乃区别责任。正是这样的关联形成了"共同但有区别责任"的逻辑链。

---

〔1〕 有关发达国家和发展中国家对"共同但有区别责任"的争议见本章第二部分的论述。

〔2〕 "Statement made on 9 December 2009 by Todd Stern", United States delegate to the 15th Session of the Conference of the Parties to the Climate Change Convention.

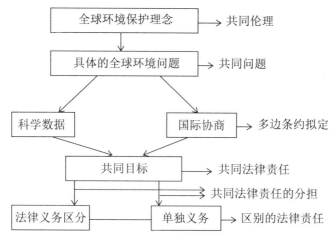

图3-1　"共同但有区别责任"从伦理到法律的演变示意图〔1〕

第二节　"共同但有区别责任"与气候变化国际法文件

"共同但有区别责任"是否是一项法律原则，不论在国际法学者中还是在国家实践中都存在着争议，比如亚历山大·基斯和蒂娜·谢尔顿并不认为其是一项国际环境法原则；〔2〕而以菲利普·桑兹和艾伦·海伊为代表的国际环境法学者基本认同其为一项国际环境法原则。〔3〕与之相反，不同国家立场对该问题的理解显然是不统一的，如美国代表在里约热内卢举行的联合国环境与发展会议中强调："不接受'共同但有区别责任'

〔1〕　图3-1为笔者绘制。

〔2〕　Alexandre Kiss, Dinah Shelton, *International Environmental Law*（3rd edn）, Transnational Publishers Inc, 2004, pp. 203~222.

〔3〕　Philippe Sands, Jacqueline Peel, *Principles of International Environmental Law*（3rd edn）, Cambridge University Press, 2012, pp. 233~235; Ellen Hey, *Advanced Introduction to International Environmental Law*, Edward Elgar Publishing, 2016, pp. 69~70.

产生任何国际义务的主张。"[1] 而中国等发展中国家则坚持
"共同但有区别责任"产生国际义务，是一项法律原则。[2] 无
论"共同但有区别责任"原则是否是一项具备法律意义的原则，
其争议如何，"共同但有区别责任"作为一个法律逻辑已经在国
际环境法特别是气候变化国际法领域得到纵深发展，并成为全
球气候治理的指导性规则。

2015 年，随着新的全球气候协定——《巴黎协定》生效，
"共同但有区别责任"在气候变化国际法律文件体现为"共同但
有区别责任和各自能力原则，并考虑不同国情"。从国际条约
文本上看，该原则在《联合国气候变化框架公约》和《巴黎
议定书》并没有体现"不同国情"这一要素。但从缔约方大
会通过的报告中不难发现，"国情"或"不同国情"在第一届
缔约方大会的报告中就得到了体现，并在第二届缔约方大会报
告中得到了进一步确认和解释。由此可见，单纯从条约文本去
理解"共同但有区别责任"是单薄的，而且往往会出现语义
重复——这当然是国际环境法软法的一个表现方式，即强化共
识并建立共同理解。[3] 本节以宣言或者草案、气候变化国际条
约或协定及缔约方大会的报告、国家立场文件为素材，论述
"共同但有区别责任"在气候变化国际法律规范中是如何体现和
被阐释的。

---

[1] United Nations General Assembly, "Annex I of Report of the United Nations Conference on Environment and Development" (12 August 1992) UN Doc A/CONF. 151/26 (Vol. I), para. 16.

[2] United Nations General Assembly, "Principles on General Rights and Obligations-China and Pakistan-Draft Decision", Preparatory Committee for the UN Conference on Environment and Development, 4th session, UN Doc A/CONE 151/PC/WG. III/L. 20/Rev. 1 (1992).

[3] Pierre-Marie Duputy, "Soft Law and the International Law of the Environment", *Michigan Journal of International Law*, 12 (1991), p. 424.

一、国际环境宣言或草案对"共同但有区别责任"的表述

"共同但有区别责任"第一次正式出现在 1992 年《联合国里约环境与发展宣言》中。此后在 2002 年《约翰内斯堡实施计划》、2010 年《环境与发展国际公约草案》和 2015 年《变革我们的世界：2030 年可持续发展议程》中都有直接的体现（如表3-1）。

上述宣言和草案对原则的表述，基本参照 1992 年《联合国里约环境与发展宣言》的逻辑。共同责任意味着国际社会认识到环境是人类的共同关切，在环境保护方面有合作的义务。区别责任来源于两个因素：（1）不同国家对环境恶化的"贡献"不同；（2）发达国家掌握技术和资金资源，应在全球环境保护中负有特别的责任。

表 3-1 宣言和草案对"共同但有区别责任"的相关表述[1]

《联合国里约环境与发展宣言》第 7 项原则 各国应本着全球伙伴精神，为保存、保护和恢复地球生态系统的健康和完整进行合作。鉴于导致全球环境退化的各种不同因素，各国负有共同的但是又有差别的责任。发达国家承认，鉴于他们的社会给全球环境带来的压力，以及他们所掌握的技术和财力资源，他们在追求可持续发展的国际努力中负有责任。
《约翰内斯堡实施计划》第 39 段 为减少包括跨境空气污染、酸雨和臭氧层在内的大气污染问题，加强国际、区域和国内层面的合作。铭记里约原则，基于导致全球环境恶化的因素又不同，各国负有共同但有区别责任；（a）强化发展中国家和经济转型国家有关测量、减少和评估空气污染的能力，包括对健康的影响并为其提供经济和技术支持……

---

[1] 表 3-1 为笔者汇编。

续表

> 《环境与发展国际公约草案》第 12 条
> 各国应根据他们共同但有区别责任和各自能力履行国际义务。
>
> 《变革我们的世界: 2030 年可持续发展议程》第 12 段
> 我们再次确认里约环境与发展大会确立的所有的原则, 特别是第 7 项原则的共同但有区别责任原则。

二、气候变化环境条约及其缔约方大会或会议报告对"共同但有区别责任"的表述

"共同但有区别责任"在气候变化国际法领域被视为一项原则, 并分别规定在《联合国气候变化框架公约》第 3 条、《京都议定书》第 10 条以及《巴黎协定》第 2 条第 2 款中(如表 3-2)。

表 3-2　气候变化国际条约对"共同但有区别责任"的一般表述[1]

> 《联合国气候变化框架公约》第 3 条第 1 项
> 1. 各缔约方应在公平的基础上, 并根据它们共同但有区别的责任和各自的能力, 为人类当代和后代的利益保护气候系统。因此, 发达国家缔约方应当率先对付气候变化及其不利影响。
>
> 《京都议定书》第 10 条
> 所有缔约方, 考虑到它们的共同但有区别的责任以及它们特殊的国家和地区发展优先顺序、目标和情况……
>
> 《巴黎协定》第 2 条第 2 款
> 本协定的履行将体现公平以及共同但有区别的责任和各自能力的原则, 考虑不同国情。

---

〔1〕 表 3-2 为笔者汇编。

从文字表述上看，共同但有区别责任的形态似乎发生了激烈的变化——从"共同但有区别的责任和各自的能力"到"共同但有区别的责任及它们特殊的国家和地区发展优先顺序、目标和情况"再到"共同但有区别的责任和各自能力的原则及考虑不同国情"。条约用语的变化表明了原则的内涵本身也在变化。但结合历届气候变化缔约方大会的报告[1]却发现：在同一时间节点上，缔约方大会对"共同但有区别责任"的解释和气候变化国际条约或协定约文的表述并未保持一致。以《巴黎协定》中的"不同国情"要素为例，缔约方早在 1996 年日内瓦气候变化大会已经对不同国情及"国情"涵盖的内容作了讨论。[2]这说明"共同但有区别责任"要素及其内涵的演变并非条约体现得那样激烈，而是一直在温和中"枝繁叶茂"。因此以机械的"时间切割法"去考察"共同但有区别责任"的要素是不明智的，也无助于理解原则在当今全球治理中的内涵。"共同但有区别责任"无论在条约约文还是在缔约方报告中的内涵主要有以下四点：

1. 气候变化是全球问题，联合履约是共同责任

《联合国气候变化框架公约》第 3 条第 1 款明确规定："各缔约方应当在公平的基础上……为人类当代和后代的利益保护气候系统……"《巴黎协定》序言第 11 段指出："气候变化是人类的共同关切。"1995 年柏林气候大会缔约方一致认为："气候变化是个全球性问题，需要所有国家开展最广泛的合作，并

---

[1] 根据笔者的考察：直至 2018 年 5 月，共有 16 次缔约方大会对"共同但有区别责任"的内涵和实施方式作出讨论。具体讨论的情况见本书附录 D "历届缔约方大会或会议报告对'共同但有区别责任'的表述"。

[2] "Report of the Conference of the Parties on its first session, held at Berlin from 28 March to April 7 1995", FCCC/CP/1995/7/Add.1 (6 June 1995), p. 5; "Report of the Conference of Parties on its second session, held at Geneva from 8 to 19 July 1996", FCCC/CP/1996/15 (29 October 1996), p. 29.

以有效和恰当的国际应对方式参与。"[1] 无论是条约文本还是缔约方实践都达成了一个共识，即应对气候变化是国际社会成员的共同责任，稳定大气温室气体浓度事关当代和后代的利益。全人类共同关切表明应对气候变化并非一个跨界损害问题。[2] 全人类共同关切并非对领域或资源的共同关切，而是对环境保护行动的共同关切。[3] 因此，气候变化国际条约所指的共同关切并非气候系统本身，而是应对气候变化及其不利影响的行动。对于这一点，1992 年《联合国里约环境与发展宣言》第 7 项原则表述得更直接，即"各国应本着全球伙伴精神，为保存、保护和恢复地球生态系统的健康和完整进行合作"。无论从哪一方面来说，气候变化是个毋庸置疑的全球性问题。对任何国家来说，应对气候变化不可能是孤立的行动。1995 年柏林气候大会明确指出："缔约方的共同责任是联合履约。"[4] 这里的联合履约并非指的是《京都议定书》设立的机制，而是要求《联合国气候变化框架公约》缔约方共同履行条约规定的义务，而非仅属于某一个国家或某一类国家的单独义务。

2. 历史责任——发达国家的首要责任和主要责任来源

气候变化国际条约没有出现任何有关"历史责任"的字眼。《联合国气候变化框架公约》序言第 3 段提及："注意到历史上

---

[1] "Report of the Conference of the Parties on its first session, held at Berlin from 28 March to 7 April 1995", FCCC/CP/1995/7/Add. 1（6 June 1995）, p. 5.

[2] Jutta Brunné, "The Global Climate Regime: Wither Common Concern?", in Liber Amicorum & Rüdiger Wolfrum（eds.）, *Coexistence, Cooperation and Solidarity*, Martinus Nijhoff Publishers, 2012, p. 722.

[3] Jutta Brunné, "Common Areas, Common Heritage, and Common Concern", in Daniel Bodansky, Jutta Brunné & Ellen Hey（eds.）, *Oxford Handbook of International Environmental Law*, Oxford University Press, 2007, p. 550.

[4] "Report of the Conference of the Parties on its first session, held at Berlin from 28 March to 7 April 1995", FCCC/CP/1995/7（24 May 1995）, p. 50.

和目前全球温室气体排放的最大部分源自发达国家……"该公约第3条第1款规定，因为共同但有区别责任和各自能力，所以发达国家应当率先应对气候变化及其不利影响。本条的规则构成为"法律规则（共同但有区别责任）和事实（各自能力）引起法律责任（发达国家首要责任）"。但从条约的表述无法直接推断出发达国家要负首要责任的原因。对此，缔约方大会的解释理由有两点：（1）工业化国家的高能耗和高温室气体排放量，表明工业化国家在环保措施方面负有首要的责任；[1]（2）历史事实证明发达国家是温室气体的最大排放者。[2]对于如何认定"最大排放者"，缔约方采取的标准是"每单位排放量"。[3]缔约方大会对"每单位排放量"的认定来源于政府间气候变化委员会在1990年8月31日发布的一份科学评估综述，该报告指出大气中的温室气体绝大多数来源于发达国家。[4]历史责任第一次出现在缔约方大会报告中是在2010年坎昆气候大会上。该报告指出："承认全球温室气体历史排放份额最多的是发达国家。由于其历史的责任，发达国家缔约方应该在应对气候变化及其不利影响方面处于首要位置。"[5]缔约方大会对历史责任的确立使得历史责任从理论层面上升到实践层面。因此，发达国家对气候变化承担首要和主要责任的理由是历史上的高能耗

---

〔1〕 "Report of the Conference of the Parties on its first session, held at Berlin from 28 March to 7 April 1995", FCCC/CP/1995/7 (24 May 1995), p. 49.

〔2〕 "Report of the Conference of the Parties on its first session, held at Berlin from 28 March to 7 April 1995", FCCC/CP/1995/7/Add. 1 (6 June 1995), pp. 4~5.

〔3〕 "Report of the Conference of the Parties on its first session, held at Berlin from 28 March to 7 April 1995", FCCC/CP/1995/7/Add. 1 (6 June 1995), pp. 4~5.

〔4〕 Intergovernmental Panel on Climate Change, "First Assessment Report: Overview 31 August 1990", pp. 57~58.

〔5〕 "Report of the Conference of the Parties on its sixteenth, held in Cancun from 29 November to 10 December 2010", FCCC/CP/2010/7/Add. 1 (15 March 2011), p. 8.

和高温室气体排放量。但发达国家承认的历史责任并不具备国际法次级规则的效力。对于这一点,本章在第一节已有叙述。在 2009 年哥本哈根气候大会上,美国缔约方代表托德·斯坦发表立场:"我们(美国)完全承认我们对大气温室气体排放有历史的作用,但是承认历史作用不等于我们有环境的罪状或责任或者需要作出赔偿。"[1]

3. 区别责任——各自能力和不同国情基础上的多样化承诺
    与贡献

《联合国气候变化框架公约》《京都议定书》和《巴黎协定》都认为缔约方(无论是发达国家还是发展中国家)应该作出应对气候变化的承诺和贡献。其中承诺主要体现在《联合国气候变化框架公约》和《京都议定书》当中,贡献则体现在《巴黎协定》中。无论是承诺还是贡献,都应该考虑各自能力和不同国情。现有的三份气候变化国际条约均没有对"各自能力"和"不同国情"作出深刻的解释,只作了一般性的表述。但是,缔约方大会对这两个术语的解释是比较充分的。

(1)"各自能力"的解释与界定。各自能力中的"能力"指的就是应对气候变化的能力,包括减缓能力、适应能力、资金和技术能力。正是缔约方应对能力有大小之分,才会有各自能力的概念,因此应对能力大小实际是一个事实或现实。缔约方对各自能力的解释包括"资金能力""技术能力""人力资源能力""组织能力"和"机构能力"。[2] 资金能力和技术能力不

---

〔1〕 Statement made on 9 December 2009 by Todd Stern, United States delegate to the 15th Session of the Conference of the Parties to the Climate Change Convention.

〔2〕 "Report of the Conference of the Parities on its second session, held at Geneva from 8 to 19 July 1996", FCCC/CP/1996/15 (19 October 1996), p. 6; "Report of the Conference of the Parties on the second part of its sixth session, held at Bonn from 16 to 27 July 2001", FCCC/CP/2001/5/Add. 1 (25 September 2001), pp. 8~9.

难理解，减缓和适应气候变化及其不利影响最需要资金和清洁技术，也是应对能力最关键的两个部分。《联合国气候变化框架公约》并没有明确资金、技术与相关能力的关系，但《巴黎协定》第9条和第10条分别明确了资金、技术与减缓及适应能力的直接关系。[1] "人力资源能力"主要指的是与气候变化有关的科学、技术和管理人员的数量和素质，比如科学研究和观测[2]和国际谈判技巧和语言训练等；[3] "组织能力"包括气候变化公共教育、意识培养、参与能力和信息获取的组织能力；"机构能力"包括以适当的方式建设或强化国内气候变化秘书处和中心的能力等。[4] 不同缔约方在这五项能力中的差别会带来承诺事项和力度的差异。

（2）"不同国情"的解释与界定。《巴黎协定》对"不同国情"的表述是"考虑不同国情"，这说明不同国情也成为缔约方承担责任的一个考虑因素。《巴黎协定》没有对"不同国情"作出任何解释。2016年马拉喀什气候大会和2017年斐济气候大会均没有对"不同国情"做出界定。实际上，在气候变化领域内，"不同国情"并非新颖的术语。《京都议定书》第2条第4款就在提到缔约方的政策和措施的同时还考虑到不同的国情。更早的情况是，1995年柏林气候大会和1996年日内瓦气候大会

---

〔1〕《巴黎协定》第9条第1款明确规定，发达国家缔约方应为协助发展中国家缔约方在减缓和适应两个方面提供资金；第10条第2款明确提到，技术对于执行协定的减缓和适应行动的重要性。

〔2〕《联合国气候变化框架公约》第5条。

〔3〕 "Report of the Conference of the Parties on its eighth session, held at New Delhi from 23 October to 1 November 2002", FCCC/CP/2002/7/Add. 1（28 March 2003），p. 19.

〔4〕 "Report of the Conference of the Parties on the second part of its sixth session, held at Bonn from 16 to 27 July 2001", FCCC/CP/2001/5/Add. 1（25 September 2001），p. 8.

缔约方大会报告就对"国情"和"不同国情"作了充分体现和解释。1995 年柏林气候大会对其作的解释是"现状和方法、经济结构和资源基础、维持强劲和可持续经济发展的需求、可用的技术等"。[1] 1996 年日内瓦气候大会将"不同国情"的要素进一步细分为八个要素,这也是迄今为止对"不同国情"要素解释最全面和最权威的国际文件。根据缔约方大会报告,"不同国情"的要素[2]应包括:第一,人口数量,比如增长率、人口密度和分布以及每单位温室气体排放量;第二,地理位置;第三,气候条件,比如温度和雨季;第四,经济条件,比如国内生产总值、每单位国内生产总值(以国内货币及购买力为计量单位)、国内生产总值增长率、部门内生产总值、进出口情况、农业补贴情况及每单位国内生产总值温室气体排放量;第五,能源因素,比如,能源价格、能源税、能源补贴、车船税、燃料税、电价、电力市场结构相关信息、天然气、煤炭和原油市场、能源消耗(部门、燃料类型、每单位、单位国内生产总值)、一国整体能源消耗占国内能源产量的比重、能源密度及1990 年商业和非商业能源消耗的价格(含税);第六,社会因素,比如平均居住面积、每单位及每个家庭的车辆数、个人交通和货物运输(以每人每千米计算)及运输类型(涉及空运、铁路、公路和公共及私人运力);第七,产生大量温室气体排放的部门及负责实施政策和措施的政府相关部门列表;第八,温室气体减缓活动中有关适用和运作指标信息,该指标可以表明国家、部门和次部门的减缓活动。另外,缔约方大会也对最不

---

[1] "Report of the Conference of the Parties on its first session, held at Berlin from 28 March to April 7 1995", FCCC/CP/1995/7/Add. 1 (6 June 1995), p. 5.

[2] "Report of the Conference of Parties on its second session, held at Geneva from 8 to 19 July 1996", FCCC/CP/1996/15/Add. 1 (29 October 1996), p. 29.

发达国家和小岛屿国家的特殊国情作了列举。[1] 除了缔约方大会外，欧盟在 2007 年的报告中将"不同国情"解释为包括"气候条件""社会经济条件"和"经济增长预期"在内的国情。[2] 欧盟对"不同国情"的解释是非全面列举性的，其提出的三种因素至少应该被包括在"不同国情"的范围中。实际上，欧盟对"不同国情"的三点立场完全被包含在 1996 年日内瓦气候变化大会缔约方报告对"不同国情"的第 3 项和第 4 项解释中。

除了不同国情外，气候变化国际条约和缔约方报告还提到了诸多因素，比如"具体国家和区域发展优先顺序、目标""具体需要"和"优先事项"。虽然这些因素没有经过有权解释，但这些因素是对"发展中国家特殊国情"的一种表达方式，本质上仍属于国情。无论是"具体和区域发展优先顺序和目标"还是"具体需要和优先事项"都基本被涵盖在 1996 年日内瓦气候缔约方大会报告载明的八种国情因素中。根据缔约方大会报告的阐释，发展中国家缔约方的优先事项和目标是发展经济和社会并消除贫困。[3] 发展中国家缔约方的具体需要是强劲和可持

---

[1] "Report of the Conference of the Parties on the first part of its sixth session, held at the Hague from 13 to 25 November 2000", FCCC/CP/2000/5/Add. 3 (Vol. I) (4 April 2001), p. 13. 特殊国情包括：脆弱的生态系统；高人口数量压力和偏远的地理位置；脆弱的经济、低收入、高贫困和欠缺外国投资；土壤弱化及沙化；欠发达服务，特别是有关气象、水文服务和水资源管理；缺少对自然灾害管理的早期预警系统；不安全的食品。

[2] "Submission by Portugal on behalf of the European Community and its member states", in "Information and views on socio-economic information: Submission from Parties", FCCC/SBSTA/2007/MISC. 21 (24 October 2007), p. 14.

[3] "Report of the Conference of the Parties on its seventh session, held at Marrakesh from 29 October to 10 November 2001", FCCC/CP/2001/13/Add. 1 (21 January 2002), p. 3.

续发展的需求〔1〕及识别温室气体技术的需要〔2〕。最不发达国家的需要则为谈判技能和语言能力〔3〕。

各自能力和不同国情均是现实和事实，本身并不是法律概念。各自能力和不同国情的因素会出现重叠的情况，比如资金和技术能力既是缔约方的能力，也是缔约方的国情。因素的重叠导致了气候变化国际条约和缔约方报告对两者的表述和解释往往存在语义反复。另外，虽然缔约方大会对"各自能力"和"不同国情"作出了阐释，但截至目前，缔约方大会的阐释并没有得到任一缔约方在国家立场文件中的直接援引或援用。缔约方大会的解释行为和缔约方的忽视或无视至少会引发三个问题：其一，缔约方大会是否如诸多学者认为的具备"解释条约"的功能？〔4〕其二，在气候条约的视角下，"各自能力"和"不同国情"这两个要素是技术性要素还是法律要素？或者两类性质兼有？其三，在当今语境下，"各自能力"和"不同国情"这两个要素相较于20世纪90年代的语境是否发生了变化？对这三个问题，目前未见讨论。2015年巴黎气候大会、2016年马拉喀什

---

〔1〕 "Report of the Conference of the Parties on its first session, held at Berlin from 28 March to 7 April 1995", FCCC/CP/1995/Add. 1（6 June 1995）, p. 5.

〔2〕 "Report of the Conference of the Parties on its eighteenth session, held in Doha from 26 November to 8 December 2012", FCCC/CP/2012/8/Add. 2（28 February2013）, p. 10.

〔3〕 "Report of the Conference of the Parties on its eighth session, held at New Delhi from 23 October to 1 November 2002", FCCC/CP/2002/7/Add. 1（28 March 2003）, p. 19.

〔4〕 持缔约方大会具备"解释条约"功能的代表学者及相关学术论著，参见 Robin R. Churchill & Geir Ulfstein, "Autonomous Institutional Arrangements in Multilateral Environmental Agreements: A Little-Notices Phenomenon on International Law", *American Journal of International Law*, 94（2000）, pp. 623~659; Daniel Bodansky, Jutta Brunné, Lavanya Rajamani, *International Climate Change Law*, Oxford University Press, 2017, p. 94.

气候大会和 2017 年斐济气候大会上公布的官方讨论文件和报告均未对《巴黎协定》中的"不同国情"作出解释。2015 年巴黎气候大会召开前，中美双方于 2014 年 11 月 12 日发布的《中美气候变化的联合声明》第 2 段[1]和中欧双方于 2015 年 6 月 29 日发布的《中欧气候变化联合声明》第 5 段[2]虽然都强调"不同国情"，但都未对其作出任何政治上的解释。实际上，气候变化国际规范兼具法律和政策的特点使得对任何一个要素作出确凿的解释都是不现实的。况且国情和能力包括的内涵和因素是随着各个国家的现实情况改变而改变的。

笔者认为，1996 年日内瓦缔约方大会对"不同国情"的解释是比较详尽的，且基本涉及所有气候变化相关领域和部门。在没有缔约方持相反意见的情况下，1996 年缔约方大会对"不同国情"的解释不仅可以适用于解释条约，也可以指导国家实践。

4. 单独责任——发达国家的资金和技术责任

区别责任中有两个方面（资金援助和技术援助）属于发达国家的单独责任，也有学者将其称为特别责任。[3]资金和技术并非气候变化国际条约的首创，其在 1987 年《关于消耗臭氧层物质的蒙特利尔议定书》中就有相应的体现，该议定书将资金和技术看成一项特别条款。资金责任和技术责任属于发达国家的单独责任有两个主要的原因：①资金和技术属于应对气候变化行动的基本资源；②发达国家掌握着资金和技术方面的资

---

〔1〕 "US-China Joint Announcement on Climate Change"，载 https://www.whitehouse.gov/the-press-office/2014/11/11/us-china-joint-announcement-climate-change，最后访问日期：2007 年 10 月 12 日。

〔2〕 "中欧气候变化联合声明"，载 http://news.xinhuanet.com/world/2015-06/30/c_127964970.htm，最后访问日期：2017 年 10 月 13 日。

〔3〕 梅凤乔："论共同但有区别的责任原则"，北京大学 2000 年博士学位论文，第 103~113 页。

源。[1]《联合国气候变化框架公约》第 4 条第 3 款和第 4 款规定，发达国家缔约方应就三个方面向发展中国家缔约方提供资金：①向发展中国家缔约方提供资金，以便发展中国家缔约方履行公约第 12 条第 1 款的温室气体源与汇的清单及履约设想等承诺；②向发展中国家缔约方提供包括获取技术所需费用在内的资金；③向特别易受气候变化不利影响的发展中国家缔约方支付适应的费用。《联合国气候变化框架公约》第 4 条第 5 款规定了发达国家向发展中国家缔约方转让或者让其有机会得到无害环境的技术和专有技术。《巴黎协定》第 9 条规定了发达国家缔约方应提供规模更大的资金，更大范围地调动资金。《巴黎协定》第 10 条要求发达国家缔约方必须充分落实技术和转让，向发展中国家缔约方提供资金以保证技术的落实和转让。相比于《联合国气候变化框架公约》，《巴黎协定》的规定显得较为单薄。但这两份国际条约传递的信息本质上并无变化：①发达国家提供资金援助的目的是让发展中国家履约；②无害环境的技术转让和获取并非无偿而是有偿的；③虽然资金和技术对应对气候变化都很重要，但资金显然重要于技术。在资金和技术方面，缔约方大会报告的表述和国际条约的表述是一致的。

由发达国家承担资金和技术援助责任的提法由来已久，也得到了主要发达国家缔约方的认同，比如美国和欧盟在其立场文件中从未否定资金和技术的责任。美国在其立场文件中指出，应强化资金行动和发展中国家减排之间的关系。[2]美国同意在

---

[1] United Nations General Assembly, "Annex I of Report of the United Nations Conference on Environment and Development" (12 August 1992) UN Doc A/CONF. 151/26 (Vol. I), para. 11.

[2] "General Comments of the United States on the COP - 6 President's Informal Note, January 19, 2001", in "Note by the President of COP 6: Views from Parties", FC-CC/CP/2001/MISC. 1 (7 March 2001), p. 136.

公约资金的框架下，由公约附件二缔约方以不同的经济援助方式向发展中国家提供"技术转让和支持""与气候变化有关的能力建设""与具体清洁发展机制有关的能力建设"的帮助。[1] 欧盟在其公开立场声明中指出，其一直是最不发达国家资金和特别气候适应资金的最大贡献方。[2] 在实施资金和技术援助的方式上，美国明确表示不接受具体的资金援助目标，[3] 私营部门仍继续是技术转让的主要机构。[4] 欧盟在资金和技术方面表现较为积极，主要通过邀请发展中国家参与被注资项目的方式来实现援助责任。资金和技术的援助和具体实施密切相关，笔者将在第四章对此进行讨论。

第三节 中国政府对气候变化"共同但有区别责任"的解释

1990 年至 2021 年的 30 多年间，中国政府在多个场合阐述了自身对"共同但有区别责任"原则的立场与观点，并对该原

---

〔1〕 "General Comments of the United States on the COP‑6 President's Informal Note, January 19, 2001", in "Note by the President of COP 6: Views from Parties", FCCC/CP/2001/MISC. 1 (7 March 2001), p. 138.

〔2〕 "Submission by France on behalf of the European Community and its member states", in "Status of implementation of Article 4, paragraph 8, of the Convention, decision 5/CP. 7 and decision 1/CP. 10: Submissions from Parties and relevant organizations", FCCC/SBI/2008/MISC. 9 (21 October 2008), p. 4.

〔3〕 梅凤乔："论共同但有区别的责任原则"，北京大学 2000 年博士学位论文，第 103~113 页。

〔4〕 "Submission of the United States Progress in the implementation of Decision 5/CP. 7 on Article 4, paragraphs 8 and 9, of the UN Framework Convention on Climate Change, Pursuant to FCCC/SBI/2002/17", in "Further views relating to progress in the implementation of decision 5/CP. 7: Submissions from Parties", FCCC/SBI/2003/MISC. 3 (13 May 2003), p. 11.

则包含的要素作了较为权威和官方的解释。中国政府最早在1990年7月6日通过的《中国关于全球环境问题的原则立场》中提出了"国际社会应该明确发达国家对于国际环境问题的主要责任"这一主张。[1]但中国在这份立场文件提出来的发达国家承担"主要"责任的主张并非完全今天意义上的"共同但有区别责任"。因为要求发达国家承担"主要责任"的主张只体现了责任存在大小之分,但没有体现在哪些具体方面存在责任大小之分。

1991年中国气候变化协调小组第四工作组在其《〈关于气候变化的国际公约〉条款草案(中国的建议)》中提出了四个有关"共同但有区别责任"的观点:①承认"共同但有区别责任";②缔约方在公平基础上开展全面且有效的国际合作;③限控温室气体排放应顾及各国的人均排放水平,保证发展中国家适当的能耗水平;④发展中国家应获得发达国家必要的资金及公平和最优条件下的技术转让。[2]该建议草案虽然不是中国政府在公开场合上的立场文件,但却奠定了中国在20世纪90年代末乃至当今立场内容的基础。首先,对"共同但有区别责任"一脉相承且不变地坚持贯穿于中国在各个场合的文件;其次,人均排放情况是不同国情的一个重要构成要素;最后,要求发达国家提供资金和转让技术同样也成为中国政府的一贯主张。

正如上文所述,对"共同但有区别责任"的认知,不能脱离对"共同责任"和"区别责任"的各自阐述。经过笔者考察,中国政府最早明确、直接且公开提出这两个责任的内涵是

---

[1] "中国关于全球环境问题的原则立场",转引自国家环境保护总局政策法规司编:《中国缔结和签署的国际环境条约集》,学苑出版社1999年版,第402~407页。

[2] 国家气候变化协调小组第四工作组:"《关于气候变化的国际公约》条款草案(中国的建议)",载国务院环境保护委员会秘书处编:《国务院环境保护委员会文件汇编(二)》,中国环境科学出版社1995年版,第263~279页。

在 2007 年 12 月 20 日，由中国气候变化谈判特别代表于泰庆大使在中外记者会上提出的。中方对此的解释是："共同责任"指的是应对气候变化是全人类的共同责任，不分发达国家还是发展中国家。只要是国际社会成员，都有责任为应对气候变化作出贡献。区别责任包括两个方面的含义：历史责任和各自能力。历史责任、现实的发展阶段和能力上的不同决定了国际社会每个成员在共同努力中要扮演的角色。[1] 之后在 2008 年，国家发展和改革委员会时任副主任谢振华分别在两个国际场合进一步阐述了"共同责任"和"区别责任"的内涵，这也是中国政府在公开场合最近一次对这两个责任内涵作出正面且直接的回应。中国政府三次对"共同责任"和"区别责任"各自内涵的解释是基本一致的。唯一的区别在于"区别责任"的原因要素从之前的"历史责任和各自能力"扩展至"历史累计排放、当前人均排放，发展阶段和国情及不同能力"。"历史累计排放"指的是承担历史责任的理由，"当前人均排放""发展阶段和国情"及"能力"是承担区别现实责任的理由。

除了对"共同但有区别责任"内涵作出解释外，中国政府还对发展中国家和发达国家间各自的责任、发达国家的援助有明确的立场。为了全面和准确地了解中国政府近 20 年的立场及其变化，笔者将以图表为载体展示中国在气候变化"共同但有区别责任"原则的立场的恒定与变量（表 3-2）。[2]

---

〔1〕 "中国气候变化谈判特别代表举行吹风会谈相关立场"，载 http://www.ccchina.gov.cn/Detail.aspx? newsId=28254&TId=61，最后访问日期：2017 年 6 月 9 日。

〔2〕 1999 年至 2021 年中国政府在不同场合对"共同但有区别责任"的官方立场见本书附录 E。

表 3-2 中国对"共同但有区别责任"立场的恒定与变量[1]

问题	1999 年至 2002 年	2003 年至 2006 年	2007 年至 2012 年	2013 年至 2021 年
是否承诺减缓？	否	否	是	是
是否坚持历史责任？	是	是	是	是
是否坚持人均排放量、国情和能力的现实责任标准？	是	是	是	是
是否要求发达国家向发展中国家提供资金和技术援助？	是	是	是	是

经过以上分析，中国政府一以贯之的立场是坚持"历史责任、现实责任标准及发达国家的资金和技术援助"，这些立场直至今天仍没有改变，值得注意的是，中国在资金和技术问题上已经从之前的受援助方变成积极的援助方。2015 年 6 月 30 日，中国政府在向《联合国气候变化框架公约》秘书处提交的第一轮国家计划自主贡献中提出了"建立应对气候变化南南合作基金，为小岛屿发展中国家、最不发达国家等发展中国家应对气候变化提供力所能及的帮助和支持"。[2]在减缓气候变化即减排温室气体方面，中国于 2007 年开始由最初的"不承诺减排"变成了"能力和国情基础上的减缓贡献"。中国这一立场的变化的原因有三个：其一，仅以"历史责任"作为区别责任的主张已经不可行，中国面临着国际上的压力。尤其是中国在 2010 年后

---

〔1〕 表 3-2 为笔者编制。

〔2〕 "强化应对气候变化行动——中国国家自主贡献"，载 http://www4.unfccc.int/Submissions/INDC/Published% 20Documents/China/1/China's% 20INDC% 20 -% 20on%2030%20June%202015.pdf，最后访问日期：2017 年 6 月 11 日。

人均温室气体排放量超过欧盟,国际社会要求中国承担有约束力减排责任的呼声越来越高。其二,中国国内自身经历着大气等环境污染问题,积极减缓和适应气候变化和国内环境目标并不冲突,反而有促进作用;其三,中国立场的转变也是《巴黎协定》的要求。新的气候协议——《巴黎协定》要求所有缔约方(不分发达国家和发展中国家)的国家自主贡献均应体现减缓和适应上的努力。各缔约方应根据各自拥有的手段及科学技术能力采取适当措施减缓和适应气候变化的不利影响,即各自能力和国情基础上的减缓行动。

第四章
"共同但有区别责任"与气候变化国际法实施

◆◆◆

　　笔者在第三章论述了国际环境文件、气候变化条约及协定和缔约方大会报告对"共同但有区别责任"的一般表述。文本的一般表述虽然提供了法律上的语义，但不能体现气候变化国际法律机制是如何实施"共同但有区别责任"的，而这也关系到国际法规范如何运作和实施的根本问题。在气候变化的国际法律机制中，"共同但有区别责任"运作和实施分为国际和国内两个层面。国际层面的运作和实施指的是国际社会存在什么样的运作机制保障条约的实施；国内层面的运作和实施指的是国际社会成员（主要指国家）如何履约。无论是国际层面还是国内层面，考察"共同但有区别责任"的实施一般需要从三个方面入手：其一，缔约方的共同法律责任是什么？其二，缔约方的区别法律责任体现在哪些方面？其三，缔约方的责任在国际实施机制中是如何区分的？前两个方面属于国际法律文本实际规定的内容，最后一个方面属于条约的具体实践问题。

　　本章将按照这样的逻辑，分别以两个小节考察气候变化的国际法律机制是如何体现"共同责任"和"区别责任"的。具体考察的问题分别为：（1）国际条约规定的缔约方法律责任（共同责任和区别责任）是什么？（2）气候变化实施层面的机制是如何体现"区别责任"的？

第一节 气候变化国际条约中的缔约方法律责任

一、气候变化国际条约中缔约方的共同法律责任

笔者在第三章第二部分提出了条约层面的共同法律责任，即国际条约直接规定的全体缔约方责任。气候变化国际条约的全体缔约方责任包括两个方面：（1）缔约方认可的温室气体控制总目标；（2）缔约方须履行的具体法律义务。第一个方面在《联合国气候变化框架公约》第2条、《京都议定书》及《巴黎协定》第2条中有所体现。《联合国气候变化框架公约》第2条确立的缔约方总目标为"将大气中温室气体的浓度稳定在防止气候系统受到危险的人为干扰的水平上"。《联合国气候变化框架公约》确立的目标就是控温，没有规定具体温度控制在什么水平。至于何为"人为的干扰水平"？政府间气候变化委员会在第三份评估报告中提出了五种人为干扰[1]：（1）对特定系统的危害；（2）极端天气风险；（3）区域扩散风险；（4）集中风险；（5）大范围的非连续性风险。政府间气候变化委员会的第三份报告并没有对"危险的人为干扰"下一个明确的定义。在其第四份报告中，委员会认为这是一个复杂的工作，不仅涉及技术问题还包括经济、伦理和法律上的判断。[2] 经过多方的论

---

〔1〕 Bert Metz（ed.），*Climate Change* 2001：*Mitigation. Contributions of Working Group* Ⅲ *to the Third Assessment Report of the Intergovernmental Panel on Climate Change*, Cambridge University Press，2001，p. 700.

〔2〕 Bert Metz（ed.），*Climate Change* 2001：*Mitigation. Contributions of Working Group* Ⅲ *to the Third Assessment Report of the Intergovernmental Panel on Climate Change*, Cambridge University Press，2001，p. 100.

证和缔约方的谈判,《巴黎协定》第 2 条第 1 款明确了国际社会的控温目标,即升温幅度控制在工业化前水平 2℃之内,并试图将温度增幅进一步控制在 1.5℃以内。国际社会要控制温室气体排放需要长期和多方的努力。国际社会是否实现了公约或协定确立的目标,主要看技术评估的结果。但实际上,技术评估很难得出一个精确的结果。这就需要确定一个既能够实现又能被接受的概率,而这一概率归根结底是一个政治问题,而不是科学问题。[1]对于第二方面的共同责任,根据公约和协定的规定,缔约方有两个共同的国际条约义务,分别为缔约方一般承诺和缔约方国家自主贡献。缔约方一般承诺规定在《联合国气候变化框架公约》和《京都议定书》中;缔约方国家自主贡献规定在《巴黎协定》中。

(一)缔约方一般承诺

根据《联合国气候变化框架公约》的要求,发展中国家和发达国家一样需要作出公约下的承诺。《联合国气候变化框架公约》第 4 条第 1 款及《京都议定书》第 10 条规定了公约全体缔约方应该承担的一般承诺义务。根据条约的规定,缔约方的一般承诺应覆盖 10 项内容:(1)编制、定期更新和公布公约规定的温室气体源和汇的国家清单;(2)制定、执行、公布和经常更新国家及适当情况下区域计划;(3)在所有产业部门,促进和合作发展、应用和传播有关控制、减少或防止公约规定的温室气体的技术、做法和过程;(4)可持续管理,促进和合作、酌情维护和加强公约规定的温室气体的汇和库;(5)准备好适

---

[1] United Nations Environment Programme, "The Emissions Gap Report 2016: A UNEP Synthesis-Executive Summary", in https://wedocs. unep. org/bitstream/handle/20. 500. 11822/10572/EGR_ Executive%20_ summary_ EN. pdf? sequence = 1&isAllowed = y, 最后访问日期:2021 年 10 月 10 日。

应气候变化，拟定和详细制订公约规定的综合性计划；（6）将气候变化行动考虑进社会、经济和环境政策和行动中；（7）促进科学研究和观测方面的合作；（8）促进信息交流的充分、迅速和公开合作；（9）气候变化教育培训和公众教育的合作；（10）向缔约方会议提供履约的信息。从内容上看，缔约方的一般承诺是非常广泛的，涉及国内行动和国际合作两个方面；从性质上看，缔约方的一般承诺属于"软法"，并无具体的实施标准可考，其政策指导的意义大于法律意义。[1] 缔约方一般承诺之所以抽象，主要是由《联合国气候变化框架公约》的框架特点及缔约时科学的不确定导致的。

（二）缔约方国家自主贡献的"减缓"和"适应"要求

《巴黎协定》第3条和第4条确立了缔约方新的法律义务——缔约方国家自主贡献。国家自主贡献指的是缔约方按照《巴黎协定》的要求，向缔约方大会通报自己将要承担的义务。国家自主贡献的内容由缔约方自主确定，缔约方要承担义务的内容和承担义务的方式并非由协定确定。因此，提交国家自主贡献是一项国际法义务，但是国家自主贡献的内容却不是国际法。按照缔约方大会的决定，协定所有缔约方最迟在2016年11月向缔约方大会提交国家自主贡献。[2] 缔约方在国家自主贡献中要反映2020年后应对气候变化的行动和努力方向。[3] 缔约方的

---

〔1〕 Patricia Birnie, Alan Boyle, Catherine Redgwell, *International Law and the Environment* (3rd edn), Oxford University Press, 2009, p. 359.

〔2〕 Decision 1/CP. 21, "Report of the Conference of the Parties on its twenty-first session, held in Paris from 30 November to 13 December 2015", FCCC/CP/2015/10/Add. 1 (29 January 2016), p. 4.

〔3〕 Decision 1/CP. 21, "Report of the Conference of the Parties on its twenty-first session, held in Paris from 30 November to 13 December 2015", FCCC/CP/2015/10/Add. 1 (29 January 2016), p. 5.

自主贡献应该是连续的、不断进步的。[1] 对全体缔约方来说，自主贡献的内容要满足一个最低的标准，即体现"减缓"和"适应"方面的行动和努力。《巴黎协定》对国家自主贡献中减缓努力和行动有两个共同的要求：（1）要体现国内减缓措施，实现贡献的目标；[2]（2）缔约方自主核算人为排放量和清除量，避免双重核算。[3]《巴黎协定》对国家自主贡献只有一个共同的要求——确立充分的适应对策，提高适应能力，强化复原力和减少气候变化脆弱性的全球适应目标。[4]《巴黎协定》对缔约方国家自主贡献中减缓和适应的要求比较抽象，原因在于减缓和适应方面的具体行动和具体努力由缔约方自主确定，协定不便确定也无法确定每个缔约方的自主行动和努力。为了指导缔约方向缔约方大会秘书处准备和提交自主贡献，协定支持的"巴黎协定透明度合作关系"编制的《国家计划自主贡献进程指南》建议缔约方应该在自主贡献减缓和适应行动中体现"国家长期减排目标""国家短期减排目标""能源和部门目标"及"实现目标需要的政策和项目"。[5] 但指南并不具备法律上的效力，实践中各缔约方提交的自主贡献的形式和内容多样，对减缓和适应的体现千差万别，并无标准可言。

二、气候变化国际条约中缔约方的区别法律责任

相比缔约方共同法律责任内容的抽象性，缔约方的区别法

---

〔1〕 《巴黎协定》第 4 条第 3 款。
〔2〕 《巴黎协定》第 4 条第 2 款。
〔3〕 《巴黎协定》第 4 条第 13 款。
〔4〕 《巴黎协定》第 7 条第 1 款。
〔5〕 Niklas Höhne, Christian Ellermann, Hanna Fekete（eds.），"Process guidance for Intended Nationally Determined Contributions（INDCs）", International Partnership on Mitigation and MRV（November 2014）.

律责任要具体得多。《联合国气候变化框架公约》第 4 条第 2、
3、4、5、6 款,《京都议定书》第 2、3、4、5、6、7、8、11 条
及附件 B,《巴黎协定》第 4 条第 4、5 款、第 9、10、11 条直接
体现了缔约方的区别法律责任。在气候变化国际条约中,缔约
方区别法律责任主要有三类:(1)核心法律义务的区分,比如
减排量等;(2)资金和技术等单独援助条款;(3)实施方式的
区分,比如延迟履约等。

(一)核心法律义务的区别

1. 2020 年前核心法律义务的区别

气候变化国际法中的核心法律义务是温室气体减排义务。
《联合国气候变化框架公约》及《京都议定书》两者共同确立
了温室气体减排义务的主体和温室气体减排量。根据《联合国
气候变化框架公约》和《京都议定书》的规定,发展中国家没
有强制减排的法律义务,公约附件一国家(共 43 个国家)有强
制的减排义务。这属于气候变化核心法律义务以工业化国家和
非工业化国家为区分标准的区别责任。温室气体减排有两个承
诺期:第一个承诺期从 2008 年至 2012 年;第二个承诺期从
2013 年至 2020 年。其中第一个承诺期规定在《京都议定书》中;
第二个承诺期规定在 2012 年《〈京都议定书〉多哈修正案》[1]
中。在 2008 年至 2012 年的承诺期内,负有强制减排义务的国家
共有 39 个国家(除白俄罗斯、塞浦路斯、马耳他和土耳其外的
公约附件一国家)。这 39 个国家及各自的量化减排承诺规定在
《京都议定书》附件 B 中。在承诺作出强制量化减排的国家中,

---

〔1〕 根据该修正案,其需得到《京都议定书》缔约方的 144 个接受后的第 90
天起才会生效。截至 2017 年 4 月 12 日,共有 77 个缔约方提交了接受文书,因此该修
正案迄今仍未生效。具体批准缔约方,参见 https://treaties. un. org/Pages/ViewDetails.
aspx? src＝TREATY&mtdsg＿ no＝XXVII－7－c&chapter＝27&clang＝＿ en,最后访问日
期:2017 年 5 月 11 日。

有两个基本术语非常重要,即基准年和基准期。基准年指的是缔约方用来报告其温室气体历史排放量的参考年份;[1] 基准期指的是以基准年为参照年份确定减排量的时间段。[2] 根据 1996 年第二次缔约方大会的决定,绝大多数缔约方将 1990 年作为基准年,但有五个缔约方采取各自不同的基准年,分别为保加利亚(1988 年)、匈牙利(1985 年至 1987 年的温室气体总量的平均值)、波兰(1988 年)、罗马尼亚(1989 年)及斯洛文尼亚(1986 年)。[3] 确定基准年和基准期表面上是一个技术手段,实际上对缔约方有很大的意义。基准年选择越早,减排承诺力度越大,但对发达国家来说,实际的减排压力越小。因此,在作出量化减排承诺的缔约方中,同样也存在着减排责任的区分。

除了量化减排承诺外,《联合国气候变化框架公约》和《京都议定书》要求附件一国家承担其他责任。比如,《联合国气候变化框架公约》第 4 条第 2 款第(a)项和第(b)项要求工业化国家采取减缓气候变化的政策和措施,[4] 并提供所采取政策和措施的详细信息,将温室气体的人为排放恢复到 1990 年的水平。[5]《京都议定书》第 3 条规定公约附件一缔约方应确保温室气体人为排放量不要超过被分配的量,目的是使 2008 年至 2012 年承诺期内的全部排放量比 1990 年水平至少减少 5%。[6]

---

[1] Farhana Yamin, Joanna Depledge (eds.), *The International Climate Change Regime: A Guide to Rules, Institutions and Procedures*, Cambridge University Press, 2004, p. 89.

[2] Farhana Yamin, Joanna Depledge (eds.), *The International Climate Change Regime: A Guide to Rules, Institutions and Procedures*, Cambridge University Press, 2004, p. 89.

[3] Decision 9/CP. 2, "Report of the Conference of the Parties on its Second Session, held at Geneva from 8 to 19 July 1996", FCCC/CP/1996/15/Add. 1 (29 October 1996), p. 16.

[4]《联合国气候变化框架公约》第 4 条第 2 款第(a)项。

[5]《联合国气候变化框架公约》第 4 条第 2 款第(b)项。

[6]《京都议定书》第 3 条第 1 款。

2. 2020 年后核心法律义务的区别

《巴黎协定》是 2020 年后国际社会应对气候变化的国际条约，该协定确立了发展中国家和发达国家同样承担减缓和适应气候变化的法律义务。因此，该协定在核心法律义务的区分方面并没有《联合国气候变化框架公约》和《京都议定书》确定得那么明显——工业化国家和非工业化国家的区分标准。如上文所述，《巴黎协定》确立的缔约方义务为国家自主贡献。缔约方自主贡献是缔约方在"减缓"和"适应"这两个方面实行"自主确定"。在"减缓"和"适应"这两个方面，自主确定是否要在《联合国气候变化框架公约》和《京都议定书》确立的发达国家量化减排的基础上进行？《巴黎协定》没有作出规定，2015 年巴黎气候缔约方大会、2016 年马拉喀什气候缔约方大会、2017 年斐济气候缔约方大会、2018 年卡托维茨气候缔约方大会与 2019 年马德里气候大会也没有相关的讨论。

（二）资金、技术和能力建设援助责任的区分

1. 资金援助责任的区分

资金援助责任有三个类别：（1）承担履行报告义务的费用；（2）承担遵守一般承诺所需的费用；（3）适应气候变化不利影响产生的费用。这三类的资金援助反映在《联合国气候变化框架公约》第 4 条第 3 款和第 4 款。《联合国气候变化框架公约》第 4 条第 3 款要求公约附件二发达国家[1]和其他发达国家应支付发展中国家履行报告义务产生的全部费用，并支付发展中国家履行一般承诺所需的资金。[2]公约第 4 条第 4 款要求公约附

---

〔1〕 公约附件二国家均为发达国家，因此条款所指的附件二发达国家缔约方就是附件二所有国家。

〔2〕《联合国气候变化框架公约》第 4 条第 3 款。

件二发达国家和其他发达国家还应帮助特别受到气候变化不利影响的发展中国家支付适应的费用。[1]《联合国气候变化框架公约》确定的资金援助方为"附件二国家和其他发达国家"。其他发达国家指的是哪些发达国家？公约和缔约方大会报告均未确认。资金受助方方面，在履行报告义务和遵守一般承诺的费用方面，发展中国家是受助方；在适应费用方面，受到气候不利影响的发展中国家是受助方。何为受到气候不利影响的发展中国家？公约第4条第8款以不完全列举的方式列举了9个[2]不同类别的发展中国家。《巴黎协定》扩大了资金援助的范围，将《联合国气候变化框架公约》对资助方的表述统一为"发达国家"。根据《巴黎协定》的规定，发达国家应向发展中国家提供"减缓"和"适应"两个方面的资金，[3]并从各种大量来源、手段和渠道调动更大范围和更大规模的气候资金。[4]"减缓资金"和"适应资金"的受助方存在着不同，"减缓资金"的受助方为"发展中国家"；"适应资金"的受助方在"发展中国家"的基础上，进一步区分为"最不发达国家"和"小岛屿发展中国家"。在资金数额方面，发达国家同意在2025年前注入1000亿美元的气候资金。[5]但是如何将这1000亿美元在"适

---

〔1〕《联合国气候变化框架公约》第4条第4款。

〔2〕 这9个类别的国家包括：（1）小岛屿国家；（2）低洼沿海地区国家；（3）有干旱和半干旱地区、森林地区和容易发生森林退化的地区国家；（4）易受自然灾害地区国家；（5）容易发生旱灾和沙漠化的地区国家；（6）有城市大气严重污染的地区国家；（7）有脆弱生态系统包括山区生态系统的国家；（8）经济高度依赖矿物燃料和相关能源密集产品的生产、加工和出口带来的收入，和/或高度依赖于这种燃料和产品的消费的国家；（9）内陆国和过境国。

〔3〕《巴黎协定》第9条第1款。

〔4〕《巴黎协定》第9条第3、4款。

〔5〕 Decision 1/CP. 21, "Report of the Conference of the Parties on its twenty-first session, held in Paris from 30 November to 13 December 2015", FCCC/CP/2015/10/Add. 1 (29 January 2016), p. 8.

应"和"减缓"方面进行分配，发达国家与发展中国家、发达国家之间仍未达成较为一致的意见。

2. 技术转让与开发责任的区分

和资金援助一样，技术转让同样也涉及"转让方""受让方"的问题。《联合国气候变化框架公约》第 4 条第 5 款要求附件二发达国家和其他发达国家应该向其他缔约方特别是发展中国家转让或者使其有机会获得环境无害的技术和专有技术。[1]公约对技术转让方和受让方的规定都不明确。根据公约的规定，技术转让方为"附件二国家及其他发达国家"，这里的其他发达国家，公约没有规定。技术受让方为"包括发展中国家在内的其他缔约方"，这里的"其他缔约方"显然不单指发展中国家，还包括除发展中国家以外的缔约方。依据公约对缔约方的划分，缔约方包括三种基本类型：（1）发达国家；（2）经济转型国家；（3）发展中国家。因此，其他缔约方还包括不在附件二但在附件一列表内的经济转型国家。[2]

《巴黎协定》对技术转让和开发的责任规定强调技术合作和技术机制，更强调通过资金手段实现技术的转让和开发。《巴黎协定》规定了技术受让方为"发展中国家"，但没有明确规定技术转让方。鉴于《巴黎协定》属于 1992 年《联合国气候变化框架公约》下的条约，笔者认为，这里的技术转让方应该还是公约第 4 条第 5 款规定的"附件二国家和其他发达国家"。

3. 能力建设责任的区分

能力建设属于气候变化领域中范围较广的问题。能力建设

---

〔1〕《联合国气候变化框架公约》第 4 条第 5 款。

〔2〕 Lavanya Rajamani, *Differential Treatment in International Environmental law*, Oxford University Press, 2006, pp. 209~210.

在气候变化领域有两个功能和作用，即不仅帮助缔约方履约，还要给缔约方提供基本和必要的信息帮助其制定政策和方法。[1]何为"能力"？联合国发展规划署将其界定为"个人、组织和社会实现发展目标的能力"。[2]能力有三个层面：（1）政策、立法、政治权力关系及社会规范层面上的能力；（2）组织政策、安排与程序的能力；（3）个人经验、知识和技能的能力。[3]何为"能力建设"？《联合国气候变化框架公约》没有直接体现。《联合国气候变化框架公约》第4条第5款提到了"发达国家缔约方应支持开发和加强发展中国家缔约方的自生能力和技术……"第9条第2款第（d）项提到了"公约附属科技咨询机构。就支持发展中国家建立自生能力的途径和方法提供咨询"。《京都议定书》第10条第（e）项提到了"加强本国能力建设，特别是加强人才和机构能力……"

因此单从条约的文本上看，能力建设涵盖的内容是不清楚的。相比条约用语的模糊不清，缔约方大会报告则对"能力建设"表达得比较清楚。（1）"能力建设"指的是帮助非发达国家缔约方及非公约附件二缔约方，特别是发展中国家建设、发展、强化、提高和改善现有的科学技术技能、能力和机构，以评估、调整应用、管理和开发无害环境技术的"过程"；[4]（2）能力建设的支持方为附件二所列国家，能力建设的受助方为发展中国家、最

〔1〕 SBI-18 report, FCCC/SBI/2003/8, para. 23.

〔2〕 United Nations Development Programme（ed.），*UNDP Practice Note: Capacity Development*（2008），p. 3.

〔3〕 United Nations Development Programme（ed.），*UNDP Practice Note: Capacity Development*（2008），pp. 5~6.

〔4〕 "Report of the Conference of the Parties on its seventh session, held at Marrakesh from 29 October to 10 November 2001", FCCC/CP/2001/13/Add. 1（21 January 2002），p. 27.

不发达国家和经济转型国家;[1](3)发展中国家的能力建设包括组织能力,增强和/或创造扶持性环境能力,国际信息通报能力,清洁发展机制实施能力,人力资源能力,技术能力,国家信息交流能力,国家气候变化方案能力,温室气体清单、排放数据库管理及收集、管理和利用活动的数据和排放因素系统的能力,脆弱性和适应评估能力,执行适应措施能力,减缓办法执行情况的评估能力,研究和系统观测能力,技术能力,决策能力,执行国家信息通报和缔约方报告评估能力,教育、培训和宣传能力和信息能力;[2](4)最不发达国家的能力建设包括执行公约和有效参与《京都议定书》的能力,研究和培训能力,技术能力和技能,机构能力,气象和水文信息的收集、分析、解释和传播能力和宣传能力;[3](5)经济转型国家的能力建设包括国家温室气体清单,温室气体排放量预测能力,政策和措施评估能力,影响评估和适应能力,教育、培训和宣传能力,获得无害环境技术转让的能力,国家信息通报和国家气候行动计划,温室气体排放的国家体系的估计能力,与目标、时间表和国家登记册有关的核算方式,报告义务与共同执行项目和排放量交易的能力。[4]

---

[1] Decision 10/CP. 5, "Report of the Conference of the Parties on its fifth session, held at Bonn from 25 October to 5 November 1999", FCCC/CP/1999/6/Add. 1 (2 February 2000), p. 24; p. 30; "Report of the Conference of the Parties on its seventh session, held at Marrakesh from 29 October to 10 November 2001", FCCC/CP/2001/13/Add. 1 (21 January 2002), p. 11.

[2] "Report of the Conference of the Parties on its seventh session, held at Marrakesh from 29 October to 10 November 2001", FCCC/CP/2001/13/Add. 1 (21 January 2002), pp. 10~11.

[3] "Report of the Conference of the Parties on its seventh session, held at Marrakesh from 29 October to 10 November 2001", FCCC/CP/2001/13/Add. 1 (21 January 2002), p. 11.

[4] United Nations Development Programme (ed.), *UNDP Practice Note: Capacity Development* (2008), p. 19.

（三）实施责任的区别

《联合国气候变化框架公约》区分了发达国家、发展中国家和最不发达国家在实施条约方面的不同责任。实施责任的区别主要体现为缔约方报告内容和履约时间的区分。《联合国气候变化框架公约》第 12 条第 5 款规定，公约附件一国家应在公约对缔约方生效后 6 个月内提交履约情况信息；发展中国家应在公约对缔约方生效后或者获得资金后的 3 年内提交履约情况信息；最不发达国家可以自行决定何时提交履约。《巴黎协定》在履约期间没有体现区分，即都要求缔约方定期提交协定要求的信息和文件。但在履约内容上有区分，即发达国家在提交的"国家自主贡献"中除了要体现所有缔约方均满足的"减缓"和"适应"外，还要体现向发展中国家提供"资金""技术"和"能力建设"方面的内容。

表 4-1 直观地显示在《巴黎协定》签署之前，《联合国气候变化框架公约》缔约方在提交"缔约方报告"义务上的区分表现。

表 4-1　2015 年《协定》前"缔约方报告"体现的区别要素[1]

缔约方报告类别	附件一国家	非附件一国家	最不发达国家
国家信息	温室气体的排放与消除；国家情况；政策和措施；脆弱性评估；资金资源；技术转让；教育、培训及公众意识；若批准《京都议定书》，另提供议定书要求的国际信息报告及温室	温室气体名录；减缓措施；为适应采取的便利措施；	XX[2]

---

〔1〕 表 4-1 为笔者编制。

〔2〕 "XX"表明相关缔约方没有该项文书的报告义务。

缔约方报告类别	附件一国家	非附件一国家	最不发达国家
	气体排放和消除的年报		
双年报告	提供有关减排、向非附件一国家提供资金、技术和能力建设的进展情况	更新国家信息，特别是温室气体名录；减缓行动；行动限制和减排差；需要和获得的支助	XX
温室气体名录	提供从基准年或基准期至最近年份的，来自能源、工业过程、化学溶剂、农业、土地利用、变化和农业和废物处理部门温室气体的排放和消除名录	XX	XX
适应行动计划	XX	XX	紧迫需要的优先行动进程

通过以上论述，不难发现缔约方在共同责任和区别责任的表现和演变中呈现多样化的特点。在共同责任方面，缔约方的履约内容从抽象的一般承诺到具体的自主义务；在区别责任方面有两个特点：其一，2020 年后发达国家不再成为唯一的减排责任主体，发展中国家也要负担减排责任，但发达国家和发展中国家的减排量和减排行动由缔约方自主确立；其二，资金、技术责任和能力建设仍是发达国家的单独责任。其中资金责任仍在发达国家和发展中国家之间区分；技术责任和能力建设在发达国家、发展中国家、最不发达国家和经济转型国家之间区分，而能力建设的区分度更加明显，发展中国家、最不发达国家和经济转型国家的能力建设方面各有不同。

表 4-2　2020 年前后气候条约缔约方 "共同责任" 和
"区别责任" 的演变 [1]

		2020 年前	2020 年后
共同责任		作出一般承诺	通报缔约方自主贡献；通报国家温室气体名录及国家自主贡献实施情况
区分责任	减排义务	2008 年至 2012 年：公约附件二国家量化减排义务；不同基准年；2013 年至 2020 年：《〈京都议定书〉多哈修正案》国家量化减排义务；不同基准年	多样化责任：缔约方自主确立减排义务和力度
	资金	发达国家对发展中国家提供 "减缓" 和 "适应" 资金	发达国家对发展中国家（最不发达国家、小岛屿发展中国家）提供 "减缓" 和 "适应" 资金
	技术	发达国家对发展中国家、最不发达国家和经济转型国家的责任	发达国家对发展中国家、最不发达国家和经济转型国家的责任
	能力建设	发达国家对发展中国家、最不发达国家和经济转型国家的责任	发达国家对发展中国家、最不发达国家和经济转型国家的责任
	透明度	无	发达国家及其他支助国提供资助信息；发展中国家提供受助信息
	履约报告	发达国家、发展中国家和最不发达国家报告内容不同	发达国家、发展中国家和最不发达国家报告内容自主确定
	履约时间	发达国家、发展中国家和最不发达国家不同履约时间	同一履约时间

---

〔1〕　表 4-2 为笔者编制。

第二节 "共同但有区别责任"与气候变化国际实施机制

本章第一节论述了气候变化国际条约和缔约方报告确立的缔约方具体有哪些"共同责任"和"区别责任"。具体的责任属于法律条文层面的内容。要保障、落实和促进责任的"共同负担"和"区别负担",条约机构设立了一系列国际机制。本章将从"共同责任"与"区别责任"两个角度考察已建立的气候变化国际机制如何保障、落实和促进这两类责任。本节具体分为两个部分,第一部分阐述气候变化国际实施机制的结构以及每个机制的大概职能与作用;第二部分实证考察在气候变化国际实施机制中是如何落实"区别责任"的。考察的机制分为两类,第一类为"报告和审议机制""资金机制""技术机制"和"能力建设机制";第二类是为了关注发展中国家特殊情况而设立的"发展中国家通过减少砍伐森林和减缓森林退化的方式降低温室气体排放"机制。

一、气候变化国际实施机制概述

何为国际机制?国际机制指的是在国际社会中建立的以实现良好结果的制度。[1]国际机制制度涉及规范的制定和机构对规范的实施。因此,气候变化国际实施机制指的是由国际社会建立的保证条约得以履行并最终实现温室气体减排的规范、机

---

〔1〕 Thomas Gehring, *Dynamic International Regimes*, *Institutions for International Environmental Governance* Peter Lang, 1994, p. 399.

构的制度及总和。规范包括条约规范和机构程序规范[1]；机构包括条约内机构和条约外机构。相比条约外机构，条约内机构是直接关系到国际实施机制的组织，因此本书只研究条约内机构相关的组织。

截至目前，与气候变化国际实施有关的条约内机构已达 25 个，分别为依托《联合国气候变化框架公约》建立的缔约方大会，依托《京都议定书》建立的缔约方会议及《巴黎协定》建立的缔约方会议，缔约方大会或会议下设两个常设机构——科学技术咨询附属机构及实施附属机构。公约框架下建立了七个机构，分别涉及资金、技术、适应等领域。在 1997 年《京都议定书》框架下设六个机构，主要涉及遵约、清洁发展机制、联合履约机制及资金等领域。《巴黎协定》确立了一个透明度强化机制。在具体实践中，共有十个机构或机制和"共同但有区别责任"密切相关。

（一）缔约方大会或会议

缔约方大会是《联合国气候变化框架公约》最高的决策机构。缔约方大会的主要职责有两个：（1）审议缔约方提交的国家信息报告和温室气体排放名录；（2）根据审议结果评估和追踪缔约方实施情况与公约总体目标的进展情况。除非缔约方另有决定，缔约方大会一般每年举行一次会议。1995 年在德国城市波恩召开了第一届气候变化大会。截至 2021 年底，缔约方共举办了 26 届气候变化缔约方大会。

缔约方会议是除《联合国气候变化框架公约》以外的条约

---

〔1〕 条约规范已经在本书第三章和第四章第一节论述，本节不再论述；机构程序规范和机构议事程序相关，本书的论述和机构的程序事项无太大关系，因此不作赘述。具体参见王晓丽："国际环境条约遵约机制研究"，中国政法大学 2007 年博士学位论文，第 100~114 页。

缔约方会议。目前，缔约方会议有两类，分别依托于《京都议定书》和《巴黎协定》这两项国际条约。缔约方会议的功能基本和缔约方大会相同，但缔约方会议的缔约方和缔约方大会的缔约方不完全相同。非《京都议定书》或/和《巴黎协定》的缔约方但为《联合国气候变化框架公约》的缔约方可以以"观察员"的身份参加《京都议定书》和《巴黎协定》缔约方会议，但不可参与投票。这三个缔约方大会或会议的关系是平行的，是"三轨制"的形态。因此，只要是条约的缔约方，就有权成为该条约项下缔约方大会或会议的成员。需要指出的是，这三个缔约方大会或会议的平行关系并不表明这三个条约内设机构的关系是平行的。相反，《联合国气候变化框架公约》设立的内设机构同时为《京都议定书》缔约方会议和《巴黎协定》缔约方会议服务，比如公约设立的两个常设附属机构。

（二）常设附属机构

《联合国气候变化框架公约》下设两个附属机构，分别为科学技术咨询附属机构和实施附属机构。虽然这两个附属机构是《联合国气候变化框架公约》确立的，但在实施过程中也为《京都议定书》和《巴黎协定》的缔约方服务。其中，科学技术咨询附属机构为缔约方大会和缔约方会议提供与《联合国气候变化框架公约》《京都议定书》《巴黎协定》有关的科学技术建议，其具体职责为：（1）评估气候变化的影响、脆弱性和适应问题；（2）评估发展中国家的森林退化排放；（3）促进环境友好型技术的发展与转让；（4）向公约附件一国家提供温室气体排放名录的准备和评审指南；（5）促进气候系统领域的研究和系统化观测；（6）与政府间气候变化专门委员会、缔约方大会和其他有关国际组织分别就专家、政策和可持续发展开展合作。实施附属机构的具体职责为：（1）为《联合国气候变化框架公约》

缔约方大会和《京都议定书》缔约方会议提供公约和议定书实施的评估；（2）向《联合国气候变化框架公约》缔约方大会提供预算和行政方面的建议；（3）监督、评审和论证"巴厘岛行动计划"的实施情况；（4）开展国际评审和国际咨商。这两个附属机构每年召开两次会议，会议地点通常在德国波恩。

（三）适应委员会

适应委员会是由《联合国气候变化框架公约》第 16 次缔约方大会建立的，以实施"坎昆适应增强行动计划"。该委员会的具体职责为：（1）向缔约方提供技术支持和指南；（2）分享有关信息、知识、经验和良好做法；（3）促进和强化国家、区域和国际组织、中心和网络的合作和参与；（4）就适应的良好做法提供信息和建议，经缔约方大会要求提供包括资金、技术和能力建设在内的有关适应行动的建议；（5）考虑缔约方就适应行动的监测和评审情况的信息。

（四）常设资金委员会

常设资金委员会是由《联合国气候变化框架公约》第 16 次缔约方大会建立的，以支持缔约方大会开展公约下的资金机制。该委员会的具体职责为：（1）提高气候变化资金援助的连贯性；（2）保证资金机制的合理化；（3）促进资金资源的流动；（4）报告、证实与评估资金向发展中国家缔约方流动；（5）提供发展中国家资金的需求。[1]

（五）华沙损失与损害国际机制执行委员会

华沙损失与损害国际机制执行委员会是由《联合国气候变化框架公约》第 19 次缔约方大会建立的，以解决特别受到气候

---

　　[1]　该项职能经《联合国气候变化框架公约》第 24 次缔约方大会授权确立。See "Report of the Standing Committee on France", FCCC/CP/2020/4-FCCC/PA/CMA/2020/3（25 February 2020），para. 18.

变化不利影响的发展中国家的损失和损害问题。执行委员会有三项职能:(1)增强对全面风险管理的知识和理解,以解决与气候不利影响相关的损失和损害;(2)增强相关人员、组织、机构间的对话、协调与合作;(3)增强行动与援助,包括资金、技术和能力建设,以解决气候变化不利影响带来的损失与损害问题。华沙损失与损害国际机制不涉及任何责任或赔偿,或为任何责任或赔偿提供依据。[1]

(六)巴黎协定能力建设委员会

巴黎协定能力建设委员会是由 2015 年巴黎气候变化大会上建立的。该委员会的职能是解决发展中国家能力建设中的已出现和正出现的不足和需要,并增强能力建设的行动;根据 2016 年马拉喀什气候变化大会的决定,巴黎协定能力建设委员会将管理 2016 年至 2020 年期间缔约方工作计划,并对增强发展中国家能力建设框架的实施开展全面的评审。此外,自 2017 年起,委员会关注巴黎协定中的"缔约方自主贡献"的能力建设实施。

(七)技术机制

《联合国气候变化框架公约》下设的技术机制分为"技术执行委员会"及"气候技术中心和网络咨询委员会"。技术执行委员会是气候变化技术机制的政策拟定机构。该委员会的主要职能为:(1)提供有关"技术发展和转让"方面的建议;(2)提供技术需求的情况;(3)通过政府、有关国际和区域组织、私人部门、非营利组织、学术和研究机构的合作,在国际、区域和国家这三个层面拟定技术发展和使用的行动计划。气候技术中心和

---

〔1〕 Decision 1/CP. 21, in "Report of the Conference of the Parties on its twenty-first session, held in Paris from 30 November to 13 December 2015", FCCC/CP/2015/10/Add. 1 (29 January 2016), para. 51.

网络咨询委员会是气候变化技术机制的实施机构。该委员会通过行使三项职能为技术的转让提供便利：（1）应发展中国家的要求提供技术援助以加速气候技术的转让；（2）创造气候技术的信息和知识的可获取性，尤其是对知识体系进行管理；（3）通过区域和部门的专家网络促进气候技术利益相关方的合作。

（八）资金机制和安排

气候变化资金机制和安排目前共有五个类别，分别为"全球环境基金""绿色气候基金""特别气候变化基金""最不发达国家基金"和"适应基金"。

"全球环境基金"成立于1992年在里约热内卢举行的联合国环境与发展会议，是目前国际环境领域中资金机制规模最大的一个机构。该基金的主要任务是向发展中国家缔约方的气候行动和项目提供资金支持。该基金和联合国机关、多边发展银行、国家机构和非政府组织的18个机构、全球183个国家（中国也是参与国）有合作关系，并接受来自公共部门和私人部门的资金注入。"绿色气候基金"成立于《联合国气候变化框架公约》第16次缔约方大会，该基金是气候资金机制运作部门。该基金的目标是向涉及"低排放"和"气候复原发展"两类项目注入资金，限制或减少发展中国家温室气体的排放，帮助气候脆弱国家适应气候变化带来的不利影响。"特别气候变化基金""最不发达国家基金"和"适应基金"属于"全球环境基金"运作下的三个特别基金体系。这三个基金的关注点和职能各不相同。其中"特别气候变化基金"关注的是适应、技术转让和能力建设、能源、交通、工业、农业、森林和废物管理及经济多样化。该基金为气候变化有关的活动、规划和措施提供资金。此外，也考虑如何为除最不发达国家外的发展中国家准备国家适应计划提供资助。"最不发达国家基金"的关注点是特别受到气候变化不利影响的 48 个最不发达国家[1]在发展和生存、水、农业和食品安全、健康、灾难风险的管理和预防、基础设施和脆弱系统方面的资金需求，同时为国家适应行动计划的准备和实施提供资金援助。"适应基金"专门为发展中国家的具体适应项目和规划提供资金援助。自 2010 年起，该基金特别关注发展中国家缔约方国内的气候适应活动。"适应基金"的资金来源于发达国家和私人援助。此外，该基金建立了"适应基金委员会"来管理资金援助项目。气候资金机制主要在六个方面为发展中国家提供资金援助：（1）适应；（2）获取适应资金的能力；（3）技术转让；（4）减缓；（5）发展中国家履行公约要求的国家信息报告所需的费用；（6）能力建设。其中前两项由《京都议定书》体系下"适应资金机制"负责；后四项主要由"全球环境基金"负责。

（九）专家组机制

《联合国气候变化框架公约》体系设置了两个专家组机制，分别为"非公约附件—缔约方国家信息专家咨询组"和"最不发达国家专家组"。"非公约附件—缔约方国家信息专家咨询组"的工作目标是改善公约非附件—缔约方准备国家信息的能力，以帮助发展中国家缔约方履行公约的报告义务。该专家咨询组在四个方面开展工作：（1）国家温室气体名录；（2）脆弱性和适应性评估；（3）减缓行动；（4）包括研究和系统观察、技术转让、能力建设、教育、培训和公众意识的培养、信息网络及资金技术援助的交叉议题。"最不发达国家专家组"，正如其名称，工作职责是向最不发达国家就"国家适应行动计划"提供技术支持和建议，

---

[1] 根据世界银行最新的数据，截至 2010 年 11 月，全球共有 48 个最不发达国家。这 48 个最不发达国家详情，参见 https://www.thegef.org/sites/default/files/publications/23469_ LDCF_ 1. pdf，最后访问日期：2017 年 5 月 17 日。

并为"国家适应行动计划"的进展和落实提供技术指导和建议。

(十) 透明度机制

《巴黎协定》第 13 条建立了"透明度强化框架"以强化所有缔约方能够真实可信地履行协定目标。透明度强化框架的基础与目的是实现"共同但有区别责任",即通过信息的准确报告和理解以及对实现信息准确报告和理解给予支持这两个并行的手段,识别与解决发展中国家履约的困难。[1] 该机制囊括三个部分,分别为"报告""技术专家评审"与"有关进展促进的多边审议"。其中报告不仅规定发达国家和发展中国家共同的报告义务,即通报国家自主贡献的履约进展及国家温室气体名录,还在"资金""技术"和"能力建设"方面区分了两类国家的报告内容。其中,发达国家和提供资助的国家须提供援助的具体信息。发展中国家应提供受助信息。为了统一缔约方报告的形式,2018 年第 24 届卡托维兹缔约方大会通过了"有关透明度框架的模式、程序和指南"(MPGs)。[2] 由于 MPGs 具备明显的气候方法学特点且对缔约方报告形式要求较高,多数发展中国家缺乏能力提交符合形式要求的报告,因此缔约方大会决定,只有发达国家才强制使用 MPGs,发展中国家在报告范围、频率和详细程度方面具有较多的灵活性,[3] 这一灵活性同样应反映在技术专家评审的过程中。另外,发达国家和发展中国家在报

---

〔1〕 季华:"《巴黎协定》实施机制与 2020 年后全球气候治理",载《江汉学术》2020 年第 2 期,第 52 页。

〔2〕 第 18/CMA.1 号决定,"作为《巴黎协定》缔约方会议的《公约》缔约方会议:2018 年 12 月 2 日至 15 日在卡托维兹举行的作为《巴黎协定》缔约方会议的《公约》缔约方会议第一届会议第三期会议报告(增编)",FCCC/PA/CMA/2018/3/Add.2(2019 年 3 月 19 日公布)。

〔3〕 季华:"《巴黎协定》实施机制与 2020 年后全球气候治理",载《江汉学术》2020 年第 2 期,第 19 页。

告与评审的时间方面也有区别。其中发达国家最迟在 2022 年 12 月 31 日提交报告（评审结束于 2024 年），发展中国家的报告最迟不晚于 2024 年 12 月 31 日（评审结束于 2026 年）。

通过以上论述可以发现：无论从数量上还是从职能上看，气候变化国际机制的条约内设机构呈现出机构复杂化、职能交叉化的特点。这一特点在资金机制和技术机制上更加明显。另外，这些条约内设机构均在"共同但有区别责任"的指导下开展工作，体现了"同一机制区分不同缔约方，不同缔约方对应不同机制"这一实施保障特点。笔者将对气候变化国际实施机制的条约内设机构如何实现区分作实证考察。但巴黎透明度机制在 2023 年才开始完全运作，尚缺乏研究素材。有关区分的问题，笔者主要考察两类机制：（1）缔约方报告评审机制；（2）特殊条款机制。

二、气候变化国际实施机制的区分表现

（一）缔约方报告评审机制的区分

与国际人权法等领域的国际实施机制相同，气候变化国际法律机制判断缔约方是否履约的依据主要是缔约方向缔约方大会或会议提交的报告。依据上文的论述，公约附件一缔约方和非附件一缔约方向缔约方大会或会议提交的缔约方报告的时间和内容是不同的。缔约方报告内容的不同必然会带来评审标准的不同，因而考察评审标准上的区分表现意义并不大。值得研究的是，缔约方报告评审机制在公约附件一缔约方和非附件一缔约方中有不同的表现。目前，附件一缔约方报告采取的评审机制为"国际评估和审议"（IAR），非附件一缔约方报告采取的评审机制为"测量、报告和论证"（MRV）。

1. 适用公约附件一国家的"国际评估和审议"机制

"国际评估和审议"机制包括"审议"和"多方评估"两

个程序。"审议"机制又分为"深入审议"和"技术审议"。

（1）"审议"程序

审议程序中审议的对象包括公约附件一国家提交的"国家信息报告""双年报告"和"温室气体名录"。其中"国家信息报告"由1995年第一届缔约方大会设立的"深入审议"负责。[1]"深入审议"的功能是对公约附件一缔约方是否履行《联合国气候变化框架公约》的承诺开展全面评审。根据程序的规定，缔约方大会或会议秘书处协调组织专家评审团的建立，专家评审团成员包括政府间国际组织的在职人员和缔约方指派的专家。专家评审团的绝大多数成员为缔约方指派的专家，这些专家被秘书处编入专家名册。每次评审前，秘书处将按照"地区代表"和"专业能力"的平衡原则从专家名册中选择4~5位专家组成专家评审团对附件一缔约方国家信息报告进行逐一评审。专家评审团在进行"深入评审"前首先会对附件一缔约方国家信息报告展开初步论证，识别出报告中的哪些问题需要进行深入讨论，比如，应对气候变化的政策或措施不明等。专家评审团的评审工作有两种，即文书评审和实地考察。实地考察的主要方式是专家评审团成员访问存在问题的缔约方，并进行为期1周的实地考察，评审缔约方实际存在的问题并与缔约方专家召开评审会议。[2]针对专家组在评审前提出的某个缔约方存在的问题，该缔约方的专家可以向专家组进一步提供相关信息以消除专家组的疑虑。初步论证结束后，专家评审团在秘书处的帮助下准备一份报告。缔约方在收到专家评审团的报告

---

〔1〕　Decision 2/CP.1, "Report of the Conference of the Parties on its first session, held at Berlin from 28 March to 7 April 1995", FCCC/CP/1995/7/Add.1（6 June 1995）, p.7.

〔2〕　Decision 3/CP.3, "Report of the Conference of the Parities on its third session, held at Kyoto from 1 to 11 December 1997", FCCC/CP/1997/7/Add.1（25 March 1998）, pp.35~36.

草案后的 8 周内有权对该草案发表评论。如果专家评审团不接受缔约方的评论，不被接受的缔约方评论将在正式报告中被单独列出。专家评审报告正式公布后，将由附属实施机构对评审报告进行评议，然后由附属实施机构将评议结果向缔约方大会或会议报告。

截至 2021 年 5 月 20 日，除土耳其外[1]，专家评审团对公约附件一缔约方的评审已进行了 7 次。[2]专家评审团的实际报告分为两个基本且主要的部分，即缔约方报告的技术评审和履约结论及建议。技术评审内容完全按照公约对附件一缔约方的国家信息报告的六大要求进行逐一评审，以审查缔约方是否履约。专家给出的履约结论和建议是综合性的，其依据为技术评审的具体结论。以美国和欧盟的第六次评审报告为例，专家评审的结论是美国和欧盟履约。[3]在履约建议这一部分，专家评审组的建议基本集中在透明度和技术转让这两个议题上。比如，专家组建议美国应加强政策和措施的透明度，提供有关向发展中国家进行技术转让的信息（包括未完成的信息、正在实施的项目信息以及援助步骤的信息）。[4]而对欧盟的履约建议则包

---

〔1〕　因土耳其没有按时履行第六次缔约方报告义务，专家评审团对其的评审只有五次。

〔2〕　公约附件一缔约方报告的第一次至第七次评审报告，参见 http://unfccc. int/national_ reports/annex_ i_ natcom/idr_ reports/items/4056. php，最后访问日期：2021 年 5 月 20 日。公约附件一缔约方报告第六次评审报告，参见 http://unfccc. int/national_ reports/national_ communications_ and_ biennial_ reports/submissions/items/10297. php，最后访问日期：2021 年 5 月 20 日。

〔3〕　"Report of the technical review of the sixth national communication of the United States of America"，FCCC/IDR. 6/USA（29 August 2014），pp. 38~41；"Report of the technical review of the sixth national communication of the European Union"，FCCC/IDR. 6/EU（28 August 2014），pp. 36~38.

〔4〕　"Report of the technical review of the sixth national communication of the United States of America"，FCCC/IDR. 6/USA（29 August 2014），pp. 41~42.

括报告的完整性；委任代表的联系信息；报告的透明性；对发展中国家技术援助等 16 项内容。[1]

除"深入审议"外，审议机制下设的"技术审议"负责附件一缔约方提交的"双年报告"和"温室气体减排名录"。"技术审议"设立于第 17 届气候变化大会。[2] 技术审议的范围集中在公约附件一国家经济范围内的温室气体减排量、减排方法、减排进度以及对发展中国家的资金、技术和能力援助这四个方面。技术审议的程序和深入审议的程序基本相同。截至 2020 年 5 月 20 日，除白俄罗斯、克罗地亚、冰岛、列支敦士登、卢森堡、波兰、罗马尼亚、土耳其、乌克兰、英国和美国外，专家审议组均完成了其余附件一国家的第四轮审议工作。[3] 实际报告中，专家审议的报告在结论部分中会酌情给出建议。这些建议通常涉及报告信息的完整性、透明度、资金和技术转让进度等问题。总体来说，与"深入审议"相比，"技术审议"更关注温室气体排放名录的相关技术问题，内容也比较单一。

（2）"多方评估"程序

与审议程序相同，多方评估程序由公约设立的附属实施机构负责。多方评估一般要经历三个阶段。第一阶段为附属实施机构工作组成立前的准备阶段，该阶段至少要经历 3 个月，在

---

〔1〕 "Report of the technical review of the sixth national communication of the European Union", FCCC/IDR. 6/EU（28 August 2014）, pp. 39~40.

〔2〕 Decision 2/CP. 17, "Report of the Conference of the Parties on its seventeenth session, held in Durban from 28 November to 11 December 2011", FCCC/CO/2011/9/Add. 1（15 March 2012）, pp. 9~11.

〔3〕 参见公约附件一国家"第一轮技术评审报告"，载 http://unfccc. int/national_reports/biennial_ reports_ and_ iar/technical_ reviews/items/8446. php，最后访问日期：2018 年 3 月 1 日。参见"第四轮技术评审报告"，载 http://unfccc. int/national_reports/national_ communications_ and_ biennial_ reports/submissions/items/10297. php，最后访问日期：2021 年 5 月 20 日。

这段时间里《联合国气候变化框架公约》197 个缔约方可以向秘书处建立的"多方评估网络门户"提交事关多方评估的书面问题报告，提交问题报告的时间为 1 个月，和问题有关的缔约方将在 2 个月内书面回复其他缔约方提出的问题。第二个阶段为正式评估阶段，公约设立的附属实施机构将组织缔约方对第一阶段的问题进行口头讨论。第三个阶段将结合前两个阶段的讨论结果汇编成各缔约方的评估报告，评估报告内容除了上文提到的技术报告外，还包括附属机构总结报告，缔约方国别问题汇编和缔约方的有关评论。多方评估机制是缔约方通过质疑的方式实现互相监督履约的机制，类似于国际人权实施机制的"缔约方国家指控"制度，但程度比较缓和。

截至 2018 年 3 月 1 日，缔约方共进行了两轮多方评估，第一轮评估开始于 2014 年 12 月，完成于 2016 年 5 月；第二轮多方评估开始于 2017 年 2 月，并于 2017 年 7 月完成。

2. 适用公约非附件一国家的"测量、报告和论证"机制

"测量、报告和论证"机制严格说来并非一个完全国际层面的机制。该机制涉及国内和国际两个层面，其中测量和报告属于国内层面的机制，论证属于国际层面的机制。所谓测量，指的是公约非附件一国家采取的国内测量活动，包括对温室气体源和汇的测量、对国内减缓行动效果的测量以及对所需和接受援助行动效果的测量；[1] 报告就是公约非附件一国家向缔约方提交国家信息报告和双年报告的义务；论证是缔约方通过国际咨商和分析的程序对报告进行商议和分析，以增强减缓行动及

---

[1] United Nations Climate Change Secretariat, "Handbook on Measurement, Reporting and Verification for Developing Country Parties" (2004), in http://unfccc. int/files/ national_ reports/annex_ i_ natcom_ /application/pdf/non－annex_ i_ mrv_ handbook. pdf，最后访问日期：2017 年 5 月 24 日。

效果、所需和接受援助行动的透明度。[1]

　　和公约附件一缔约方的报告机制一样，缔约方大会秘书处同样要对公约非附件一国家提交的国家信息报告进行汇编。但和附件一缔约方报告机制不同的是，对非附件一国家的信息报告只停留在汇编这个阶段。根据《联合国气候变化框架公约》官方网站的统计，大会秘书处自 1999 年至 2005 年间共进行了六轮非附件一国家缔约方国家信息报告的汇编工作，在不同的时间里，缔约方提交国家信息报告的时间不一、提交报告的国家数量不一。[2] 由于第六轮提交报告的发展中国家数量最多（122 个），秘书处为此以 6 个专题对 122 个国家的国家信息报告作了汇编和总结，这 6 个专题分别为："可持续发展与将气候变化关注纳入中长期规划"[3]"温室气体人为源排放量和汇清除量清单"[4]"有助于应对气候变化的措施"[5]"研究和系统观测"[6]"气候变化影响、适应措施和应对策略"[7]和"教育、

---

　　[1]　United Nations Climate Change Secretariat, "Handbook on Measurement, Reporting and Verification for Developing Country Parties" (2004), in http://unfccc. int/files/national_ reports/annex_ i_ natcom_ /application/pdf/non-annex_ i_ mrv_ handbook. pdf, 最后访问日期：2017 年 5 月 24 日。

　　[2]　具体国别和报告的提交时间，参见 http://unfccc. int/national_ reports/non-annex_ i_ natcom/compilation_ and_ synthesis_ reports/items/2709. php, 最后访问日期：2017 年 5 月 26 日。

　　[3]　参见 http://unfccc. int/resource/docs/2005/sbi/eng/18a01. pdf, 最后访问日期：2017 年 5 月 26 日。

　　[4]　参见 http://unfccc. int/resource/docs/2005/sbi/eng/18a02. pdf, 最后访问日期：2017 年 5 月 26 日。

　　[5]　参见 http://unfccc. int/resource/docs/2005/sbi/eng/18a03. pdf, 最后访问日期：2017 年 5 月 26 日。

　　[6]　参见 http://unfccc. int/resource/docs/2005/sbi/eng/18a04. pdf, 最后访问日期：2017 年 5 月 26 日。

　　[7]　参见 http://unfccc. int/resource/docs/2005/sbi/eng/18a05. pdf, 最后访问日期：2017 年 5 月 26 日。

培训和宣传"〔1〕。和附件一缔约方国家信息报告机制不同，缔约方秘书处对非附件一国家的国家信息报告的处理方式是比较不同缔约方实施的项目、项目的益处等，总结和评价缔约方的应对情况，并且总结和评价是积极性和鼓励性的，没有提到履约的问题和建议。

除了对国家信息报告进行汇编和总结外，公约还对"双年报告"设置了一个专门程序——"国际咨商和分析"。"国际咨商和分析"程序建立于2010年第16次缔约方大会〔2〕，其运作规则在2011年第17次缔约方大会得到了充实〔3〕。公约非附件一国家提交"双年报告"开始于2011年第17次缔约方大会的决定。〔4〕根据缔约方的决定，除最不发达国家和小岛屿国家外，其余公约非附件一国家应按照他们的能力和获得援助的水平，向缔约方大会秘书处提供每两年一次的报告，其中第一次双年报告最迟于2014年12月前提交。〔5〕"国际咨商和分析"程序由公约设立的附属实施机构管理，其设立目标是增进发展中国家减缓行动及效果的透明度。程序分为两个步骤，第一个步骤为专家团的技术分析，第二步骤为附属实施机构工作组为

---

〔1〕 参见 http://unfccc. int/resource/docs/2005/sbi/eng/18a06. pdf，最后访问日期：2017年5月26日。

〔2〕 Decision 1/CP. 16, "Report of the Conference of the Parties on its sixteenth session, held in Cancun from 29 November to 10 December 2010", FCCC/CP/2010/7/Add. 1 (15 March 2011), p. 11.

〔3〕 Decision 2/CP. 17, "Report of the Conference of the Parties on its seventeenth session, held in Durban from 28 November to 11 December 2011", FCCC/CP/2011/9/Add. 1 (15 March 2012), p. 13.

〔4〕 Decision 2/CP. 17, "Report of the Conference of the Parties on its seventeenth session, held in Durban from 28 November to 11 December 2011", FCCC/CP/2011/9/Add. 1 (15 March 2012), p. 13.

〔5〕 "Report of the Conference of the Parties on its seventeenth session, held in Durban from 28 November to 11 December 2011", FCCC/CP/2011/9/Add. 1 (15 March 2012), p. 10.

缔约方提供便利发表看法。负责技术分析的专家团由大会秘书处组织。大会秘书处从专家名册中指派专家并对指派的专家进行培训以保证参加评审的专家完全具备审议发展中国家特殊情况报告工作的能力。[1] 专家团成立后在公约非附件一国家提交双年报告后的 6 个月内对报告进行评审。技术评审的目的在于甄别发展中国家的能力不足。评审主要有三项工作:(1) 鉴别报告中包含的信息内容;(2) 对被识别的信息进行技术分析;(3) 识别发展中国家具体的能力建设需要。技术评审专家团应在开始技术评审之日起的 3 个月内完成一份报告草案,并将草案发送给公约非附件一缔约方以获得缔约方的评论。缔约方应在收到草案的 3 个月内提供缔约方的评论。专家团在收到缔约方评论的 3 个月内回应提出评论的缔约方并将评论纳入最终的报告。技术评审结束后,进入大会附属实施机构工作组的缔约方看法交流阶段——FSV,FSV 对公约所有缔约方开放。大会附属实施机构将第一阶段的技术评审报告作为讨论对象,公约附件一国家可以对报告内容发表书面评论。FSV 由 1~5 个缔约方组成报告方,每个报告方的报告时间为 1~3 个小时。非报告方的其他缔约方可就报告缔约方的报告内容提出问题并发表意见。报告方的报告和其他缔约方的意见和建议将被写入最终的报告中。

根据《联合国气候变化框架公约》官方网站的最新数据,截至 2018 年 3 月 1 日,非附件一 154 个缔约方中只有 36 个缔约方(包括中国)提交了第一次缔约方双年报告,技术专家团完成了对其中 35 份报告中的技术评审工作,完成整个"国际咨商

---

〔1〕 Decision 20/CP. 19, in "Report of the Conference of the Parties on its nineteenth session, held in Warsaw from 11 to 23 November 2013", FCCC/CP/2013/10/Add. 2/ Rev. 1 (25 September 2014), p. 12.

和分析"程序的报告有 35 份。[1] 非附件一缔约方提交报告数量少的原因主要有两个。其一，这 154 个缔约方中绝大多数为世界银行公布的最不发达国家和小岛屿国家，比如阿富汗、斐济等。根据缔约方大会的决定，最不发达国家和小岛屿国家没有强制提交双年报告的义务。其二，缔约方提交双年报告的时间不一，必然造成评审工作的拖延，比如中国在 2017 年 1 月 12 日提交报告（中国提交报告的时间符合缔约方大会的规定），而对中国的技术评审结束于 2017 年 10 月 12 日。

3. 不同缔约方报告审议机制的比较

经过上文的论述，气候变化缔约方报告审议机制在不同缔约方之间存在着区分。区分的对象为公约附件一国家和非附件一国家。其中非附件一国家内部也存在着对象的区分——最不发达国家和小岛屿国家与其他发展中国家，但非附件一国家内部的区分并没有反映在缔约方报告审议机制上。不同缔约方报告审议机制的目的和力度在两个方面存在不同。

（1）目的不同。针对公约附件一国家设立的"国际评估和审议"机制是一种评价机制，目的是评价和监督缔约方履约；而针对公约非附件一国家设立的"测量、报告和验证"机制是一种识别机制。该机制通过识别报告的信息，发现发展中国家缔约方在哪些方面有应对能力，哪些方面存在应对能力缺陷，从而促进发展中国家获得援助、实现自身能力的发展。

（2）力度不同。尽管"国际评估和审议"和"测量、报告和论证"都有专家的技术评审程序，但技术评审的手段和力度是不一样的。首先，在"国际评估和审议"机制中，评审专家

---

〔1〕 公约非附件一缔约方提交的双年报告情况和国际咨商和分析的情况，参见 http://unfccc. int/national_ reports/non-annex_ i_ parties/ica/technical_ analysis_ of_ burs/items/10054. php，最后访问日期：2018 年 3 月 1 日。

不仅会进行文字表面的审议，还会进行类似"田野调查"的审议方式，以对存在问题的缔约方进行实地探访。而"测量、报告和论证"设立的"国际咨商和分析"程序只停留在文字表面的审议。其次，公约附件一缔约方还要面临缔约方互相质疑的阶段——"多方评估"，面对其他缔约方的质疑要作出书面回复；而非附件一缔约方不存在缔约方间的质疑程序，只存在将意见交换的程序，即 FSV 程序。最后，针对附件一缔约方的审议报告不仅包括缔约方是否履约，还包括履约存在的问题和相关建议；而非附件一缔约方的审议报告不包括履约情况，只包括发展中国家缔约方应对措施情况，并无履约方面的问题和建议。

（二）特殊条款机制

特殊条款机制是气候变化国际法律机制的一个重要表现。特殊条款在国际环境法中表现为发达国家向不发达国家、特别受到环境变化不利影响的国家等提供援助，以增加其应对环境恶化和履约的能力。在气候变化国际法律机制中，特殊条款机制体现在资金、技术和能力建设这三个方面。

1. 资金机制

通常来说，与气候变化有关的资金机制主要涉及六个，分别为"全球环境基金"及其管理下的"特别气候变化资金"和"最不发达资金"、共同属于《联合国气候变化框架公约》与《巴黎协定》体系下的"绿色气候资金机制"和"常设资金委员会机制"以及《京都议定书》体系下的"适应资金机制"。其中"全球环境基金"及其管理下的"特别气候变化资金"和"最不发达资金"同样为《联合国气候变化框架公约》和《巴黎协定》的资金安排服务。除"全球环境基金"及其管理下的"特别气候变化资金"和"最不发达资金"外，其余三个均为条约体系的内设资金机制。需要特别说明的是，资金机制并不等于资金。比如《联合国气候变化框架公约》和《巴黎协定》共享的"绿色气候资金机制"和"常设资金委员会机制"是公约和协定保证资金流向和落实的实施机构，本身不是资金源。

实际情况下，和气候资金有关的机制和机构远非这么简单。资金机制是气候变化国际法律机制中最复杂的一个机制，主要原因有三个：

第一，不同时间段的资金数额和流向动态性非常强。资金援助的数额基本没有在条约文本中明确规定，并不像《京都议定书》那样明确规定了发达国家承担的具体减排量。确立资金援助时间和数额通常要靠缔约方大会的磋商和捐助方的自愿捐助。以"全球环境基金"为例，该基金建立了四年一次的资金补给机制，即通过召开会议讨论的形式以获得捐助国持续不断和额外的资金援助。目前，全球环境基金已经召开了七次资金补给会议（如表4-3）。

表4-3　"全球环境基金"资金补给年份及相应资金援助数额[1]

补给阶段与年份	资金援助金额
初始阶段（1991年至1994年）	10亿美元
第一次（1994年至1998年）	20亿美元
第二次（1998年至2002年）	27.5亿美元
第三次（2002年至2006年）	30亿美元
第四次（2006年至2010年）	31.3亿美元
第五次（2010年至2014年）	43.4亿美元

[1]　表4-3详情，参见 http://www.thegef.org/about/funding，最后访问日期：2021年5月1日。

续表

补给阶段与年份	资金援助金额
第六次（2014 年至 2018 年）	44.3 亿美元
第七次（2018 年至 2022 年）	41 亿美元

第二，资金的实际流向和条约的"期待"并不对等。根据《联合国气候变化框架公约》第 4 条第 3 款及《京都议定书》第 11 条的规定，资金应来源于公约附件二国家，即不处于经济转型国家行列的发达国家。《巴黎协定》第 9 条同样规定了发达国家为资金援助方。但在实际情况中，资金不仅来源于发达国家，还来源于经济转型国家和发展中国家。根据全球环境基金官方网站的数据，共有 40 个国家为全球环境基金的捐助方。这些捐助方不仅包括除冰岛以外的其他公约附件二发达国家，还包括斯洛伐克和土耳其这两个经济转型国家，甚至包括中国、印度、巴基斯坦等发展中国家。[1] 这说明资金的来源远远超出气候条约"期待"的范围。

第三，涉及资金援助的机构非常广泛，不仅包括多边性机构如世界银行等，还包括双边和区域机构，其中区域机构包括欧洲投资银行、非洲发展银行等，双边机构包括欧洲委员会、美国国际发展署等。截至 2021 年 5 月 1 日，除气候变化国际条约内设的 5 个机制外，全球有 9 个国际性金融机构、13 个区域性金融机构及 36 个多边性资金安排为气候变化资金提供援助或进行相关资金的运作活动。[2]

---

〔1〕 "全球环境基金"的 40 个援助国名单，参见 http://www.thegef.org/partners/participants，最后访问日期：2021 年 5 月 1 日。

〔2〕 具体资金机构和安排的名单，参见 http://unfccc.int/cooperation_and_support/financial_mechanism/bilateral_and_multilateral_funding/items/2822.php，最后访问日期：2017 年 5 月 29 日。

资金问题对发展中国家应对气候变化的重要性不言而喻。考察资金的流向和落实情况是考察气候变化法律机制如何落实区别责任最主要的环节。该部分将从《联合国气候变化框架公约》体系和《京都议定书》体系下的资金机制入手，实证考察这两个体系下的资金机制流向和落实情况。资金的流动是一个不间断且动态变化的过程。因此，笔者对资金流向和落实以官方最新的数据为考察对象。其中《联合国气候变化框架公约》资金机制中资金的流向和落实以公约设立的"常设资金机制"在2016年与2018年编撰的《有关气候资金流向及技术报告的双年评估与概况》为研究素材。该报告的数据样本为2011年至2016年。

（1）全球气候资金的实际流向——发达国家向发展中国家的流向。发达国家向发展中国家提供资金的方式有四种。其一，通过公约内资金机制向发展中国家提供资金；其二，通过公约外（双边或区域的资金机制）向发展中国家提供资金；其三，通过公约外（多边气候资金机制）向发展中国家提供资金；其四，通过公约外（多边发展银行）向发展中国家提供资金。此外，发达国家的私营机构也会以网络捐助的形式向发展中国家提供资金。

根据"常设资金委员会"2011年至2016年的追踪和统计，所有公约附件二的24个缔约方通过上述四个渠道向发展中国家提供了数额不等的资金。除了公约附件二缔约方外，公约附件一16个经济转型国家（2014年增加"匈牙利"和"罗马尼亚"两个)[1]也向发展中国家提供了资金援助（如表4-4）。

---

〔1〕 其余11个经济转型国家为克罗地亚、捷克共和国、爱沙尼亚、拉脱维亚、立陶宛、马耳他、摩纳哥、波兰、俄罗斯、斯洛伐克和斯洛文尼亚。

表 4-4　2011 年至 2016 年公约附件二国家和经济转型国家的
资金援助情况[1]

年份	附件二国家（总额/美元）	经济转型国家（总额/美元）
2011 年	287.4941 亿	3480 万
2012 年	289.1752 亿	1075 万
2013 年	405.2430 亿	3169 万
2014 年	432.3512 亿	7163 万
2015 年	453.9354 亿	6719 万
2016 年	494.2755 亿	1.3103 亿

　　从总体上看，资金流向发展中国家。但从地区分布上看，资金在不同国家和区域的流向是不均的。此外，不同资金源对地区的援助力度也不同（如图 4-1 和图 4-2）。

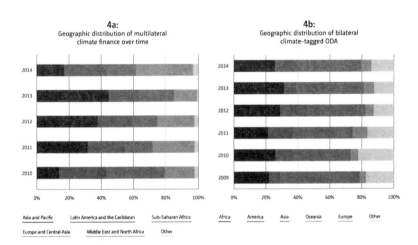

4a:
Geographic distribution of multilateral
climate finance over time

4b:
Geographic distribution of bilateral
climate-tagged ODA

Asia and Pacific　Latin America and the Caribbean　Sub-Saharan Africa

Europe and Central Asia　Middle East and North Africa　Other

Africa　America　Asia　Oceania　Europe　Other

---

〔1〕　表 4-4 为笔者编制。

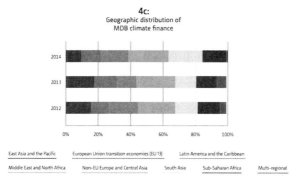

图 4-1 2010 年至 2014 年气候资金的全球分配情况〔1〕

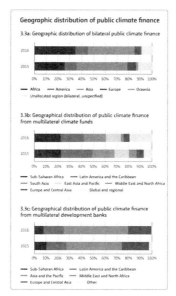

图 4-2 2015 年至 2016 年气候资金的全球分配情况〔2〕

---

〔1〕 图 4-1 来源：UNFCCC Standing Committee on Finance，"2016 Biennial Assessment and Overview of Climate Finance Flows Report"，p. 64.

〔2〕 图 4-2 来源：UNFCCC Standing Committee on Finance，"2018 Biennial Assessment and Overview of Climate Finance Flows Technical Report"，p. 87.

第一，多边气候资金的资金流向方面。2010 年至 2015 年，亚洲和太平洋地区的发展中国家获得资金的力度逐年增加。2014 年至 2015 年，拉美和加勒比海地区的发展中国家取代亚太地区成为最大的资金受助区。此外，撒哈拉国家、欧洲和中亚国家、中东和北非国家获得援助的力度趋向均衡。

第二，双边气候资金的资金流向方面。2009 年至 2016 年，亚洲地区的发展中国家一直是最大的资金被援助方，其次为非洲地区国家。这主要得益于亚洲和非洲内部建立了丰富的双边捐助资金，特别是"南南合作基金"的建立和运作。

第三，多边发展银行的资金流向同样呈现出向亚太倾斜的情况，此外拉美和加勒比海地区、中东北非地区也获得了力度不同的援助资金。

总体上说，资金的流向是符合气候变化条约区别责任的精神的。地区资金流向之所以不均，主要有两个原因[1]：其一，获得资金需要提供项目可行性文件，而最不发达国家设计和开发项目的技术实力本身就低；其二，很多发展中国家，特别是最不发达国家对资金机制的程序不了解，缺乏对可用资金源和程序的认知。

（2）"适应资金"机制。"适应资金"机制是独立于公约外的资金机制。该资金机制由公约附件一国家向特别受到气候变化影响的发展中国家支付有关适应气候变化的项目和规划的费用。该机制的资金主要来源于《京都议定书》设立的"清洁发展机制"项目获得的收益，具体资金的量为经核证的温室气体排放量中 2% 的收益量，其中最不发达国家参与项目的排放量

---

〔1〕　Standing Committee on Finance of United Nations Framework Converntion on Climate Change, "2016 Biennial Assessment and Overview of Climate Finance Flows Report", p. 8.

不计入温室气体排放总量。[1] 除了清洁发展机制获得收益外，"适应资金"机制还会获得其他机构和国家的捐赠。根据 2016 年《京都议定书》第 12 次缔约方会议上有关适应资金的最新报告，截至 2016 年 6 月 30 日，适应资金信托的资金累计收入达到 5.469 亿美元，其中 1.966 亿美元来自"清洁发展机制"项目的核算收益，3.488 亿美元来自额外捐款，额外捐款还包括个人网上捐赠。[2]

具体落实方面，自 2010 年至 2017 年，适应资金共向 67 个国家的适应项目提供了总额为 4.18 亿美元的援助资金，其中发展中国家获得资金 538 万美元。[3] 因此，从数量上说，发展中国家的实际受助资金数量很少。

"适应资金机制"不直接向发展中国家提供资金。发展中国家要想获得资金，必须通过"适应资金机制"认可的实施机构向基金董事会提交书面的申请文件。资金机制认可的实施机构分为国家[4]、区域[5]和多边[6]三个层面。被认可的国家和区域资金实施机构可以获得资金并管理资金的流向和落实。"适

---

〔1〕 Decision 17/CP. 7, "Report of the Conference of the Parties on its seventh session, held at Marrakesh from 29 October to 10 November 2001", FCCC/CP/2001/13/Add. 2 (21 January 2002), p. 23.

〔2〕 "Report of the Adaptation Fund Board", in "Conference of the Parties serving as the meeting of the Parties to the Kyoto Protocol, Twelfth session, Marrakech, 7 to 18 November 2016, Item X of the provisional agenda", FCCC/KP/CMP/2016/2 (6 September 2016), p. 4.

〔3〕 "适应资金"的资金捐赠情况，参见 https://www. adaptation-fund. org，最后访问日期：2017 年 5 月 29 日。

〔4〕 国内实施机构的名单，参见 https://www. adaptation-fund. org/apply-funding/implementing-entities/national-implementing-entity/，最后访问日期：2017 年 5 月 29 日。

〔5〕 区域实施机构的名单，参见 https://www. adaptation-fund. org/apply-funding/implementing-entities/regional-implementing-entities/，最后访问日期：2017 年 5 月 29 日。

〔6〕 多边实施机构的名单，参见 https://www. adaptation-fund. org/apply-funding/implementing-entities/multilateral-implementing-entities/，最后访问日期：2017 年 5 月 29 日。

应资金机制"目前提供四个方面具体基金项目申请——"南南合作基金""项目规划援助基金""向国家实施机构提供增强减缓有关环境、社会和性别风险能力的技术援助基金"和"向国家实施机构提供增强保持环境和社会政策和程序的一致性及遵守基金性别政策能力的技术援助基金"。上述四个基金项目每年3次接受申请方的申请,每个基金项目的申请期不同。根据最新的项目数据(2015年),适应基金共批准了48个发展中国家(不包括中国)的适应项目基金,计划援助的总额达到3.847 891 3亿美元。这些项目包括农业、林业、渔业、食品供给和安全、居住条件、水资源保护等。截至2017年5月31日,资金落实的项目共有34个,到位的资金为9589.2584万美元。[1]

2. 技术机制

技术机制实际运作分为三个方面:(1)负责制定政策的技术执行委员会(TEC);(2)负责实施技术开发和转让的气候技术中心和网络(CTCN);(3)负责提供公约下所有技术活动信息的技术转让信息中心。其中TEC下设两个机制——"技术转让框架"(TTF)和"技术需求评估"(TNAs)。TTF是为了增强附件二发达国家和其他发达国家向其他缔约方特别是向发展中国家转让并使其获得无害环境技术和专有技术的实施力度而设立的。TTF还通过成立技术转让专家组的方式帮助发展中国家解决技术转让和实施技术活动中出现的问题。发展中国家要想最终获得与气候有关的技术,还需要经过TNAs的技术需求评估,以确定发展中国家的技术需求是否属于该国急需的技术。CTCN的主要功能是向发展中国家提供快速、高质量且无费用的技术

---

〔1〕"适应资金"的援助项目情况,参见 http://unfccc.int/cooperation_ and_ support/financial_ mechanism/adaptation_ fund/items/6668.php,最后访问日期:2017年5月30日。

援助。发展中国家要获得 CTCN 的技术援助，必须通过其授权的国家机构（全球共有 158 个，中国方面机构为"国家气候变化战略研究和国际合作中心"）提交申请。

目前，发达国家向"非洲""亚洲和太平洋地区""东欧"和"拉美和加勒比海地区"提供有关减缓和适应方面的技术。根据 CTCN 已公布的数据（2013 年至 2014 年）显示，上述四个地区的发展中国家共获得了 399 个技术项目支持。[1]其中与减缓有关的技术项目为 270 个，与适应有关的技术项目为 129 个。具体捐助方和受助区域如表 4-5 所示：

表 4-5 2013 年和 2014 年发展中国家技术受助项目情况[2]

地区	2013 年		2014 年		项目总数
	减缓	适应	减缓	适应	
非洲	17	13	51	26	107
亚洲及太平洋	31	7	62	39	139
东欧	10	2	42	16	70
拉美及加勒比海	21	9	36	17	83

此外，技术转让的国家涵盖除德国外所有公约附件二的发达国家，但每个国家支持的力度不一样，支持力度前三的国家分别为挪威（69 个项目）、新西兰（49 个项目）以及西班牙（46 个项目）。除欧盟、美国、加拿大和法国外，发达国家技术转让的时间持续性和地区完整性不够，技术转让的实际落实情况不尽如人意。另外，减缓和适应分别获取的技术出现了严重

---

〔1〕 项目总数等信息由笔者汇编，具体项目信息，参见 http://unfccc.int/ttclear/projects，最后访问日期：2017 年 5 月 31 日。

〔2〕 表 4-5 为笔者编制。

的不均衡性。

3. 能力建设机制

在特殊条款机制中，能力建设机制最能体现区别责任。目前气候变化国际机制中负责增强发展中国家和经济转型国家能力建设的机制有三个，分别是2001年马拉喀什气候大会建立的"能力建设框架"、2011年德班气候大会建立的"德班能力建设论坛"以及2015年巴黎气候大会建立的"《巴黎协定》能力建设委员会"。这三个机制的功能层层递进，角色各有不同。"能力建设框架"的功能是建构性的，为能力建设搭建平台，具体的职责有五项：其一，为能力建设的运行搭建指导性规则和程序的规范；其二，确定哪些领域应增强能力建设；其三，确定能力建设活动的具体路径；其四，为资金和技术资源提供指导；其五，要求发展中国家和经济转型国家提供有关能力建设方面的具体需要和优先性的信息。"德班能力建设论坛"的功能是交流性的，主要通过召开年度会议的方式对发展中国家获得能力建设支持进行总结。"《巴黎协定》能力建设委员会"的功能是增强性的，主要通过解决发展中国家能力建设的不足和需要，进一步加强能力建设的持续性和全面性。"《巴黎协定》能力建设委员会"在2017年5月召开了第一次会议，会议确定了委员会工作的程序规则。根据这三个机制的发展现状，目前体现区分要素的机制为"能力建设框架"。

"能力建设框架"在发展中国家和经济转型国家间进行区分，并在发展中国家内部进行进一步区分，按照发展水平的标准区分为"发展中国家"和"最不发达国家"。另外，小岛屿发展中国家的特殊情况也得到了确立和关注，但没有设立相应的机制。2001年马拉喀什气候变化缔约方大会为"发展中国家"（包括最不发达国家）和"经济转型国家"确立了两个不同的框架。这两个不同框架的目标、范围和执行路径均存在区别。

第一,框架目标方面。发展中国家能力建设框架旨在增强发展中国家执行《联合国气候变化框架公约》及有效参与《京都议定书》的准备工作;经济转型国家能力建设框架旨在增强其执行《联合国气候变化框架公约》的能力及参加《京都议定书》。

第二,能力建设范围方面。发展中国家能力建设强调体制、环境应对能力、技术、决策、信息和参与公约的能力;而经济转型国家的能力建设框架强调履约能力,比如报告、核算和排放量交易能力、向发展中国家转让无害技术的能力等。

第三,执行路径方面。增强发展中国家能力建设框架存在两个执行路径——发展中国家自身及公约附件二国家的支助(资金和技术)。经济转型国家能力建设存在三个执行路径——经济转型国家和公约附件二缔约方共同执行、经济转型国家自身以及公约附件二国家的支助(资金和其他资源)。缔约方自身执行方面,发展中国家和经济转型国家都有确立本缔约方优先事项和具体需要信息的义务,此外还有开展内部合作的责任;这两个能力建设框架执行路径最大的区别在于经济转型国家能力建设框架中存在公约缔约方自身和公约附件二缔约方共同执行的路径。根据《马拉喀什建立世界贸易组织协定》的规定,经济转型公约缔约方和公约附件二缔约方在两个方面负有共同责任:(1)改善能力建设努力的协调性和有效性;(2)提供信息,以便缔约方大会或会议监测执行能力建设框架的进展。[1]从能力建设框架的执行路径多寡上看,相比发展中国家的能力建设而言,经济转型国家的能力建设执行力度更大。但从公约

---

〔1〕 "The Marrakesh Accords", in "Report of the Conference of the Parties on its seventh session, held at Marrakesh from 29 October to 10 November 2001", FCCC/CP/2001/13/Add. 1 (21 January 2002), p. 20.

缔约方履约责任大小来看，发展中国家的能力建设责任要小得多。经济转型国家的能力建设执行力度之所以较大，主要有两个原因：（1）经济转型国家能力建设的弱势项是比较确定的[1]，这为执行扫清了障碍；（2）强化经济转型国家的能力建设目的在于履约，履约中有一部分是向发展中国家转让无害环境的技术，而技术转让本身是为了增强发展中国家应对气候变化的能力。从这个角度上说，经济转型国家能力建设是有指向性目标的。

（三）关注发展中国家特殊情况的机制——"REDD-plus"
　　　机制

"REDD-plus"机制全称为"发展中国家通过减少砍伐森林和减缓森林退化的方式降低温室气体排放"机制。"REDD-plus"机制的设立有两个背景：（1）科学界证明了"发展中国家森林严重退化导致森林吸收二氧化碳的数量不断减少，从而削弱发展中国家减缓温室气体能力"这一事实。（2）以巴布亚新几内亚和哥斯达黎加为首的最不发达国家在2005年蒙特利尔气候大会上提出的设立该机制的倡议[2]得到了全体缔约方的一致认可。在提交的倡议文件中，巴布亚新几内亚和哥斯达黎加有两点建议：一是公约缔约方大会考虑将议题交给公约附属科学技术委员会评审和考察；二是建议公约附属科学技术委员会

---

〔1〕《马拉喀什建立世界贸易组织协定》对发展中国家和经济转型国家能力建设的范围表述不同。发展中国家的范围是初步的和大致的，而经济转型国家能力建设的范围是确定的。参见 "The Marrakesh Accords", in "Report of the Conference of the Parties on its seventh session, held at Marrakesh from 29 October to 10 November 2001", FCCC/CP/2001/13/Add. 1 (21 January 2002), p. 10; p. 19.

〔2〕 "Submission by the Governments of Papua New Guinea & Costa Rica, Reducing Emissions from Deforestation in Developing Countries: Approaches to Stimulate Action", FCCC/CP/2005/MISC. 1 (11 November 2005), available at http://unfccc. int/resource/docs/2005/cop11/eng/misc01. pdf.

将评审和考察的结果交给下届气候大会讨论。公约缔约方大会
随后建立了联系工作组专门起草有关"减少森林退化引起的温
室气体排放"的议题。根据公约缔约方大会通过的各项决定，
除巴布亚新几内亚和哥斯达黎加的建议被全部采纳外，"REDD-
plus"还具备了报告、独立专家组、评审和援助机制。此外，因
"REDD-plus"技术性特点，机制设立前还增设了技术识别机
制。技术识别机制的目的是识别森林退化的原因以及发生森林
退化地区的人类活动并探索相关的解决办法。[1]

　　"REDD-plus"机制正式形成于2013年在波兰举行的第19次
缔约方大会，大会以7项决定的方式建立了"REDD-plus"机制。
"REDD-plus"机制以"共同但有区别责任"原则为基础，同时
考虑了"不同国情"及"森林退化和减少的多重原因"。[2]

　　"REDD-plus"机制由2013年缔约方大会通过的7项决定组
成。这7个决定确立了"资金"[3]"辅助实施"[4]"国内森林监
测"[5]"技术评审"[6]和"报告"[7]五大机制。需要说明的是，

---

〔1〕　Decision 4/CP. 15, "Methodological guidance for activities relating to reducing emissions from deforestation and forest degradation and the role of conservation, sustainable management of forests and enhancement of forest carbon stocks in developing countries", p. 1.

〔2〕　Decision 2/CP. 13, "Reducing emissions from deforestation in developing countries: approaches to stimulate action", p. 1.

〔3〕　Decision 9/CP. 19, "Work programme on results-based finance to progress the full implementation of the activities referred to in decision 1/ CP. 16, paragrapgh 70".

〔4〕　Decision 10/CP. 19, "Coordination of support for the implementation of activities in relation to mitigation actions in the forest sector by developing countries, including institutional arrangements".

〔5〕　Decision 11/CP. 19, "Modalities for national forest monitoring systems".

〔6〕　Decision 13/CP. 19, "Guidelines and procedures for the technical assessment of submissions from Parties on proposed forest reference emission levels and/or forest reference levels".

〔7〕　Decision 14/CP. 19, "Modalities for measuring, reporting and verifying".

"REDD-plus"机制不仅限于华沙气候大会确立的机制,整个机制还包括华沙会议之前通过的6个缔约方大会决定和华沙会议之后通过的3项决定。[1]

"REDD-plus"资金来源于发达国家,但具体来源可以是政府机构也可以是私营部门。发达国家可以通过双边或多边渠道向发展中国家提供新的、额外的和可预测的资金数量。[2]公约缔约方曾对资金获取的渠道产生过争议,比如中国、欧盟和美国认为资金援助应该在《联合国气候变化框架公约》的资金机制下进行,而以冈比亚为首的最不发达国家认为资金援助应该在"绿色气候基金"的框架内进行。[3]经过缔约方的讨论和确立,"REDD-plus"的资金机制被安排在"绿色气候基金"项下。因此,发展中国家要想获得该项目下的资金,必须向"绿色气候基金"提出申请。[4]

在"辅助实施"问题上,"REDD-plus"并没有形成一个有更多缔约方参与的机制。缔约方大会寄希望于参与辅助实施的缔约方以自愿为基础,讨论辅助实施"REDD-plus"。目前运作"辅助实施"的机构为公约附属实施机构。公约附属实施机构在2014年12月对"辅助实施"问题召开了首次自愿会议。自愿会

---

〔1〕 "REDD-plus"机制的16项决定请参阅缔约方大会秘书处编制的《REDD+决定集册》(Decision booklet REDD+),载 http://unfccc. int/files/land_ use_ and_ climate_ change/redd/application/pdf/compilation_ redd_ decision_ booklet_ v1. 2. pdf,最后访问日期:2017年10月10日。

〔2〕 "Financing options for the full implementation of results-based actions relating to the activities referred to in decision 1/CP. 16, paragraph 70, including related modalities and procedures", FCCC/TP/2012/3 (26 July 2012), para. 11~12.

〔3〕 "Financing options for the full implementation of results-based actions relating to the activities referred to in decision 1/CP. 16, paragraph 70, including related modalities and procedures", FCCC/TP/2012/3 (26 July 2012), p. 6.

〔4〕 Decision 9/CP. 19, "Work programme on results-based finance to progress the full implementation of the activities referred to in decision 1/ CP. 16, paragrapgh 70", p. 2.

议目前召开了 6 次，最近一次会议时间是 2019 年 6 月。根据
"REDD-plus"网络平台〔1〕的记录，参加过前四次自愿会议的
国家和机构主要是最不发达国家、小岛屿国家、非洲国家集团、
德国、英国、联合国有关机构、气候有关的资金机构及非政府
组织，并且与会方代表非常少（中国没有参加过该会议）。这说
明该"自愿会议"更像是个自发的论坛。从会议的讨论内容上
看，会议方主要焦点在于"资金的获取和运用"与"技术评
审"，且讨论的问题集中解决相关方的最紧迫需求。比如，参加
2015 年"自愿会议"的与会国提到"全球环境基金"对发展中
国家申请方项目数量的限制问题，并建议"绿色气候基金"应
更加关注发展中国家的资金需求，"绿色气候基金"应加速实现
资金的落实等。〔2〕在 2017 年 5 月召开的"自愿会议"上，参
加国对"辅助实施"各自发表了观点清晰的立场，比如"强化
REDD-plus 的法律框架""实施资金投资计划""增强专家能力"
等。〔3〕虽然"自愿会议"没有形成较为稳定的议事规则且参与
方少，但正因为其规模小及灵活的特点给了与会各方实现有效
交流的机会。因此，以辅助实施为目的的"自愿会议"有纵深
发展的趋势，且有可能成为"REDD-plus"的常态对话机制。

---

〔1〕 "REDD-plus"网络平台官方网站，参见 http://redd. unfccc. int/meetings/
voluntary-meetings. html，最后访问日期：2019 年 10 月 10 日。

〔2〕 "Second Voluntary Meeting on the Coordination of Support for the Implementation
of Activities referred to in Decision 1/CP/16, paragraph 70（REDD+）：Co-facilitators'
Summary of Key Messages"（8 June 2015），in http://redd. unfccc. int/files/redd_
20150907_ summary_ outcomes_ second_ voluntary_ fpm. pdf，最后访问日期：2017 年
10 月 10 日。

〔3〕 "Fourth Voluntary Meeting on the Coordination of Support for the Implementation
of Activities referred to in Decision 1/CP/16, paragraph 70（REDD+）：Co-facilitators'
Summary of Key Messages"（13 May 2017），in http://redd. unfccc. int/files/redd_
20170724_ summary_ outcomes_ fourth_ voluntary_ fpm. pdf，最后访问日期：2017 年
10 月 10 日。

"REDD-plus"另外三个"国内森林监测""技术评审"和"报告机制"被并入前文所述的 MRV 机制，由公约科学技术咨询附属机构实施"技术评审"，并由公约附属实施机构向缔约方大会报告。对此，笔者不再叙述。

总体而言，气候变化国际法律实施机制主要存在两种机制，分别为缔约方报告评审机制和特殊条款机制。缔约方报告评审机制上按照公约附件一国家和公约非附件一国家的标准进行，其区别表现为采取目的和力度不同的评审机制，即公约附件一国家的 IAR 机制和公约非附件一国家的 MRV 机制。特殊条款机制中的资金和技术不存在区分标准，因为资金和技术属于发达国家缔约方对发展中国家缔约方的单独责任。但在能力建设方面存在发展中国家与经济转型国家之间的区分。除此之外，气候变化国际法律机制还针对发展中国家的特殊需要和国情——"森林砍伐和退化"设立了专门的关注机制，即"REDD-plus"。

"共同但有区别责任"的条约文本显然经历了一个较大的演变。因《巴黎协定》确立了"缔约方自主贡献"，使得缔约方法律责任从单一制（公约附件二缔约方减排责任）向多元制（所有缔约方减排责任）发展。但在实施机制上没有较大的演变，仍然按照设计好的报告机制、资金、技术和能力建设机制逐步推进。实施机制之所以没有较大的演变，原因是三大气候条约的缔约方报告、验证、评估等一系列机制遵循"缔约方驱动"模式，这就意味着条约机构以缔约方报告为中心，无论专家评审还是多边机构评价，至多是方法或细则的不同。因此，即便 2018 年卡托维兹缔约方大会确立了主要由专家评审验证缔约方报告的"透明度机制"，而除却验证方式遵照气候方法学体现的详细度外，《巴黎协定》的报告机制与公约的报告和验证机制也并无本质区别。即便 2017 年斐济缔约方大会建立了独特的

"塔拉诺阿对话"机制,但是"塔拉诺阿对话"机制也只是一个评估《巴黎协定》和长期目标总体进展情况的盘点机制,[1]至多是验证范围广以及参与主体多元而已。资金、技术和能力建设机制属于渐进式发展的机制,无论是资金数额和流向,还是技术开发和转让及能力建设,都需要发达国家作出切实的努力和行动,而实际情况是发达国家的努力和行动远远不够。当然,除了演变之外,2020年前确立的资金、技术和能力建设这三个机制得以延续,直至今天仍是气候变化国际法律区别责任中最重要的部分。

---

[1]《巴黎协定》第14条第1款。

第五章
"共同但有区别责任"与国际环境责任的公平分担

◆◆

　　笔者在前四章分别论述了"共同但有区别责任"产生的国际法理论与背景、一般内涵及国际机制的具体体现。笔者之所以对前述三个问题进行论述或论证，其根本目的不是孤立地将"共同但有区别责任"置于气候变化这一单一领域中反思"共同但有区别责任"的自身形态，而是试图以更广阔的视角去思考"国际环境责任如何公平与合理分担"这一问题。如前所述，"共同但有区别责任"的目标和价值是实现法的公平公正对待，这一目标和价值在国际环境法中的表现是国际社会如何以公平公正的原则保证缔约方公平及合理地承担国际环境法律义务。发展中国家坚持气候变化国际治理区别责任的目的不是逃避责任，而是积极履行责任。发展中国家的责任观是责任大小和范围及责任能力和国情现实相符合的责任观。"共同但有区别责任"正是在这一目标和价值上得以产生和发展的。国际法义务的公平和合理负担是国际社会成员维护国际社会整体利益，治理全球问题必须、持续且长期面对的，是缓和国际社会发展不平衡的现实问题所需。"共同但有区别责任"在气候变化国际法律体制中运行了 20 多年。尽管该原则的法律机制和要素发生了较大的演变，但其"国际环境义务的公平负担"的本质并未改变。"共同但有区别责任"的核心在于"区别责任"。如果仅存在共同责任，就和一般国际法领域中的条约义务或习惯法规则或强行法规则无异。"区别责任"并非一个没有法律内涵的纯技术性术语。关于这一点，无论从条约还是从缔约方的讨论中都可以得出结论。"共同但有区别责任"为国际环境义务的公平负担提供了两个有价值的路径：满足弱势"需要"和按"比例"承担义务。

　　本章将分为两个小节，分别解决两个法律问题并提出两个观点。其一，"共同但有区别责任"有责任分担标准吗？如果有，责任分担的标准是什么？其二，2020年后气候变化国际责任并不存在"自我区分"的区分标准；其三，国际环境义务要实现真正公平负担要解决发展中国家特别是最不发达国家"需要"相关的能力问题，并按照"比例"原则承担义务。

第一节　"共同但有区别责任"的责任区分标准

　　在国际法上，一般提到责任分担问题，首先想到的是采取什么样的标准进行负担？其次才是规范设计，最后是机制运行。这个路径是连续且环环相扣的。分担标准的重要性有两个：（1）划分责任范围；（2）确立责任大小。笔者在第三章和第四章已经对规范设计和机制运行作了考察，但没有对责任标准进行深入考察。气候变化领域中"共同但有区别责任"的责任分担标准指的就是"区别责任"的标准——"区分标准"。这也是近30年气候变化国际谈判中发达国家和发展中国家一直争论的核心问题之一。气候变化领域内存在责任的区分标准吗？笔者在第四章中已经通过实证方法论证了气候变化国际法律机制显然存在着区分标准，但区分标准在气候变化国际法律机制中存在选择性适用的情况，即实践和规范采取的区分标准不完全对等。从国际条约和缔约方报告的文本上看，区分标准有三个：（1）按照人均温室气体排放量的标准分为发达国家和发展中国家；（2）按照经济发展水平和发展阶段的标准在发达国家内部分为公约附件二发达国家和经济转型国家，在发展中国家内部分为发展中国家和最不发达国家这四个类型；（3）按照地理位置和环境脆弱度标准分为小岛屿国家，低洼沿海地区国家，干旱和半干旱地区、森林地区和容易发生森林退化地区的国家，易受自然灾害地区的国家，易发生旱灾和沙漠化地区的国家，包括山区生态系统等有脆弱生态系统的国家，高度依赖矿物燃料的国家，内陆国和过境国这九个类型。气候变化国际法律实施机制除了采纳前两种标准外，还采取了第三个标准中小岛屿国家及森林地区和容易发生森林退化地区的国家这两个类别，但对其余七类国家并没有设立相应的实施机制。实践和规范采取的区分标准之所以不完全对等，主要原因在于第三个区分标准属于气候变化条约的"特殊国情的关注"，且气候变化条约并没有对此设计出类似"资金""技术"和"能力建设"的长效机制。需要说明的是，地理位置和环境脆弱度标准本身是按照科学事实和因素确立的标准且是条约和缔约方大会共同认可的，笔者对此不作讨论，笔者将讨论"人均排放量标准"及"经济发展水平和阶段标准"，这是气候变化领域"共同但有区别责任"至今仍在坚持的责任区别标准。

一、人均排放量标准

人均排放量标准是区分发达国家和发展中国家应对气候变化法律责任的最重要的标准，这也是确立发达国家先承担减排责任的标准。虽然《联合国气候变化框架公约》《京都议定书》和《巴黎协定》这三个气候变化国际条约没有提到人均排放量标准，但事实上，1995 年柏林气候变化缔约方大会报告已经确立了"人均排放量标准"。[1] 确立人均排放量标准的意义在于实现发达国家和发展中国家在应对气候变化法律责任上的第一个区分。在气候变化谈判中，人均排放量指数成为发展中国家坚持责任区别化主张的有力证明。以人均排放量为标准实现责任区别是一个法律问题，但确立人均排放量本身却是一个科学问题。

以人均排放量为标准作为责任区分的主张是否合理？这需要考察既定的科学事实。目前对全球温室气体排放大国进行人均排放量测算权威的数据来源和机构为欧洲委员会管理下的"全球大气排放研究数据库"[2] 及 PBL 荷兰环境评价机构[3]。该机构自 2007 年开始连续发布了 8 份追踪报告，报告测算了世界主要排放国家自 1990 年到报告发布年间的二氧化碳排放趋势。

确定一国人均排放量是一个非常复杂的问题。确立任何一国人均排放量显然要综合考虑各方因素，最重要的要素就是确立排放源，比如化石燃料、油料消耗等，以及排放部门，如建筑业、航运业等。根据 PBL 荷兰环境评价机构最新发布的《2016 年全球二氧化碳气体排放趋势报告》显示，2015 年全球温室气体

---

[1] "Report of the Conference of the Parties on its first Session, Held at Berlin from 28 March to 7 April 1995", FCCC/CP/1995/7/Add. 1 (6 June 1995), p. 4.

[2] 该机构有关的数据情况，参见 http://edgar. jrc. ec. europa. eu，最后访问日期：2017 年 10 月 10 日。

[3] 该机构的具体信息和工作进展，参见 http://www. pbl. nl/en/trends - in - global-co2-emissions，最后访问日期：2017 年 10 月 10 日。

排放源的 86% 仍来自化石燃料〔1〕，化石燃料消耗仍是二氧化碳等温室气体的最主要排放源。

1990 年至 2015 年，全球主要国家人均二氧化碳气体排放量如图 5-1 所示：

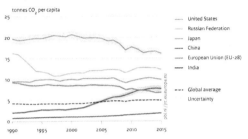

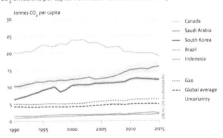

图 5-1　1990 年~2015 年主要国家因化石燃料导致二氧化碳排放趋势〔2〕

---

〔1〕　Jos G. J. Oliver & Greet Janssens-Maenhout（eds.），"Trends in Global CO2 e-missions：2016 report"，in http：//www. pbl. nl/sites/default/files/cms/publicaties/pbl-2016-trends-in-global-co2-emisions-2016-report-2315. pdf，最后访问日期：2017 年 10 月 10 日。

〔2〕　图 5-1 来源：PBL 环境评价机构《2016 年全球二氧化碳气体排放趋势报告》。See Jos G. J. Oliver, Greet Janssens-Maenhout（eds.），"Trends in Global CO2 e-missions：2016 report"，in http：//www. pbl. nl/sites/default/files/cms/publicaties/pbl-2016-trends-in-global-co2-emisions-2016-report-2315. pdf，最后访问日期：2017 年 10 月 10 日。

　　以上两图追踪了自 1990 年至 2015 年间，全球前 11 个二氧化碳排放大国或集团因化石燃料消耗和水泥消耗导致的人均排放情况。按照《联合国气候变化框架公约》附件一对发达国家的认定标准，这 11 个国家中，发展中国家有 6 个，发达国家或集团有 5 个。

　　从图中不难看出：虽然 2012 年前后欧盟的人均排放低于中国，但 25 年间发达国家因化石燃料和水泥导致的人均排放量显然高于发展中国家，有些发展中国家现在的人均排放量低于全球平均水平，比如印度和巴西。这说明，至少在化石燃料和水泥消耗导致的二氧化碳排放方面，发达国家的人均排放量一直是高于发展中国家的。因此，以人均排放量标准作为责任区分的主张有其合理性，尤其在 20 世纪 90 年代至 21 世纪前 10 年这段时间内。

　　但是，单纯以人均排放量作为区别责任的标准有一个现实的问题，即一国的排放量趋势显然不会是直线型的，往往会在某一段时间内出现峰值，这对新兴的发展中国家经济体尤其如此。按照此速度，发展中国家的人均排放量势必要超出发达国家。以中国为例，中国在 2012 年左右二氧化碳排放量明显上升，并在 2030 年可能出现二氧化碳排放量的峰值。事实上，根据 PBL 机构的测算，很多发展中国家目前的人均排放量已经超过《联合国气候变化框架公约》附件一国家的人均排放量。[1] 但是，以单个或某个年份的人均排放量为责任承担的标准显然是不合理和不公平的。很显然，温室效应等气候变化问

---

　　[1]　Jos G. J. Oliver, Greet Janssens-Maenhout（eds.），"Trends in Global CO2 emissions: 2016 report"，in http://www.pbl.nl/sites/default/files/cms/publicaties/pbl-2016-trends-in-global-co2-emisions-2016-report-2315.pdf，最后访问日期：2017 年 10 月 10 日。

题不是由单个年份人均高排放量导致的，更不是由发展中国家单独造成的。诚然，今后单纯以人均排放量标准不完全能为发展中国家主张区分责任提供绝对合理的依据，但这并不等于说人均排放量就完全失去了作为责任区分标准的地位。事实上，人均排放量标准和历史排放量、发展阶段和国情、能力一并被发展中国家作为承担区分责任的理由。[1]

二、经济发展水平和阶段标准

经济发展水平和阶段这一标准内容是清晰的吗？显然不是。其一，经济发展水平和阶段这一标准的来源并不明确，比如采取何种发展指数来判断某个缔约方属于发展中国家和最不发达国家、经济转型国家和发达国家中的哪一类别，这是不确定的。对此，无论是气候变化国际条约还是缔约方报告都没有给出一个确定甚至相对确定的答案。其二，经济发展水平和阶段是一个不断变化的过程，需要国际社会动态地加以考察。

目前，衡量一国乃至地区经济发展水平和阶段的指数主要是指来以下三个机构公布的指数：世界银行公布的"世界发展指数"、联合国贸易和发展会议发布的年度"投资和贸易经济指数"以及联合国发展规划署发布的"年度人类发展报告"涉及的指数。其中世界银行和联合国发展规划署公布的有关数据不直接表明发达国家、发展中国家和经济转型国家的名录，因此无法对这两个机构的数据进行直接比较。相比较而言，联合国贸易和发展会议公布的数据非常明确，该大会公布的数据将全球一百多个国家分成"发展中国家""经济转型国家"和"发

〔1〕"谢振华副主任在'中澳气候变化峰会'上的主题演讲"，载 http://www.ccchina.gov.cn/WebSite/CCChina/UpFile/File409.pdf，最后访问日期：2017年6月9日。

达国家"这三个基本类型国家,并在"发展中国家"内部进一步分为"74个高收入发展中国家"[1]"52个中等收入发展中国家""33个低收入发展中国家""36个高负债贫穷国家""32个内陆国发展中国家""29个小岛屿发展中国家"和"48个最不发达国家"。[2]

经过实际对比考察,联合国贸易和发展会议报告认定的且同时为《联合国气候变化框架公约》缔约方的"经济转型国家"和"发达国家"和《联合国气候变化框架公约》附件一国家不完全一致,不一致的情况主要集中于"经济转型国家"名录中。具体情况为:其一,发达国家方面,被列为附件二的国家同时也属于联合国贸易和发展会议报告中所列的发达国家;其二,经济转型国家方面,除"白俄罗斯""俄罗斯"和"乌克兰"同时被《联合国气候变化框架公约》和联合国贸易和发展会议报告确定为"经济转型国家"外,《联合国气候变化框架公约》附件一所列的"保加利亚""克罗地亚""捷克共和国""爱沙尼亚""匈牙利""拉脱维亚""立陶宛""波兰""罗马尼亚""斯洛伐克"和"斯洛文尼亚"这11个经济转型国家在联合国贸易和发展会议的报告里仍被列入发达国家之列。为什么会产生此种情况?对此,缔约方大会没有作出解释,也没有相关的讨论。另外,气候变化国际条约对"最不发达国家"也没有作出界定,也无法从国家实践中间接探寻相应的标准。

由此可见,气候变化条约中采取的经济发展水平和阶段标

---

〔1〕 根据该数据,中华人民共和国位于高收入发展中国家名单之列。

〔2〕 United Nations Conference on Trade and Development, "UNCTAD Handbook of Statistics_ 2016", in http://unctad. org/en/PublicationsLibrary/tdstat41_en. pdf, 最后访问日期: 2017年10月10日。

准是自足的，无法从外源的经济发展数据获得绝对和完全的印证，这一点在"经济转型国家"表现得尤其明显。但不管怎么说，《联合国气候变化框架公约》附件二所列的发达国家是完全有经济发展指数印证的。这更说明这样的一个事实：《联合国气候变化框架公约》附件二国家在应对气候变化方面承担更大的责任是有经济数据支撑的且具备合理性的。

"人均排放量标准"与"经济发展水平和阶段标准"为实现"发达国家"与"发展中国家"在应对气候变化责任的差别化时提供了科学事实的支持，直至今日仍具有意义，该意义表现为：（1）发达国家仍应承担更大的减排责任；（2）发达国家在"资金""技术"和"能力建设"方面仍应承担单独责任。

然而，无论是"人均排放量标准"还是"经济发展水平和阶段标准"都不能成为气候变化领域责任区别化的排他性标准。这两个标准虽然在"发达国家"和"发展中国家"之间实现了二元化区分，但要实现"发达国家""经济转型国家""发展中国家"乃至更细致的区分则显得局促。《巴黎协定》规定了责任的区分化要考虑"不同国情"。正如本书第三章所述，"不同国情"有明确的考虑要素，但"不同国情"本身不是一个区分标准。

三、2020 年后气候变化国际责任的区分标准——"自我区分"的疑问

《巴黎协定》通过后，国内外学者对 2020 年后"共同但有区别责任"的区分标准作了讨论，几乎参与讨论的所有学者都认为《巴黎协定》的区别责任体现了一种"自我区分"或"单

独区分"的标准。[1] 什么是"自我区分"或"单独区分"? 从相关学者的论著或词源中均没有找到有关"自我区分"明确甚至模糊的概念。从有关学者的表述逻辑上看,都认为"国家自主贡献"给缔约方提供了自主决定应对气候变化的具体目标和政策的权利,这种"自主决定"就是"自我区分"。"自主决定"就是"自我区分"吗? 笔者对此有三点看法:

(一)"自我区分"的区分对象问题

责任的区分首先要面临"和谁区分",即区分对象的问题。"自我区分"在区分对象问题上起码有两种基本参照:(1)与缔约方自身区分,即与缔约方自身之前在应对气候变化方面的措施相区分;(2)与其他缔约方区分,即与同为条约或协定的其他缔约方的应对措施相区分。如果与缔约方自身区分,有两个基本的问题:(1)区分的内容是什么?(2)为什么要与自身作区分? 如果与其他缔约方作区分,同样存在前述两个基本问题。虽然表面上这两个问题不难回答,即发达国家承担的责任应大于发展中国家承担的责任,但这种区分并非《巴黎协定》创制的区分模式,早在《联合国气候变化框架公约》和《京都议定书》就已经存在了。实际上,不同缔约方责任之间的区分是气候变化国际条约一以贯之的精神,这种区分并不是由缔约方自己决定的。

(二)"自主决定"而非"自我区分"

《巴黎协定》和先前的国际气候条约最大的不同在于:缔约

---

〔1〕 代表性的论文为:薄燕:"《巴黎协定》坚持的'共区原则'与国际气候治理机制的变迁",载《气候变化研究进展》2016 年第 3 期,第 243 ~ 250 页; Philippe Cullet, "Differentiation Treatment in Environmental Law: Addressing Critiques and Conceptualizing the Next Steps", *Transnational Environmental Law*, 5(2016), pp. 305 ~ 328; Meinhard Doelle, "The Paris Agreement: Historic Breakthrough or High Stakes Experiment?", in http://ssrn. com/abstract=2708148, 最后访问日期:2017 年 10 月 10 日; Christina Voigt, Felipe Ferreira, "Differentiation in the Paris Agreement", *Climate Law*, 6 (2016), pp. 58 ~ 74.

方在应对气候变化的具体目标、措施、方法、政策等多个方面完全由缔约方自主确定，缔约方在确定具体目标、措施、方法、政策等方面应该考虑自身的能力和国情。也就是说，诸如《京都议定书》规定的发达国家强制减排额的模式已经被抛弃。缔约方愿意或承诺做什么，按照《巴黎协定》规定的法律标准，将愿意或承诺的事项写入文本，并按照规定的时间表将文本冠以"缔约方自主贡献"之名提交给《联合国气候变化框架公约》秘书处即可。这个过程没有体现任何缔约方与谁进行区分的过程。实际上，缔约方在准备和提交"缔约方自主贡献"时就已基本按照国家的自身情况自行决定了文本的内容，从已提交的 165 份"缔约方自主贡献"文本的内容上看，迄今为止没有发现有哪个缔约方的自主贡献文本和其他缔约方文本有较大的关联性甚至相似性，自主贡献文本的内容和数据千差万别，因缔约方不同而不同。

(三) 2020 后气候变化国际条约区别责任的实际情况

既然《巴黎协定》体现的区别责任并非缔约方的"自我区分"，2020 年后气候变化国际条约的区别责任的情况是什么？

1. 延续了发达国家和发展中国家的二元区分格局

《巴黎协定》文本没有放弃发达国家和发展中国家的基本二元区分格局，相反在诸多内容上坚持了这一基本的区分方法，比如在"缔约方自主贡献"的法律标准、发达国家对发展中国家的资金、技术和能力建设上的支助等方面均完全体现了这一方法。这说明"人均排放量"和"经济发展水平和阶段"这两个区分标准至今仍在气候变化领域的"共同但有区别责任"起着基本的指导作用。

2. "减缓"和"适应"责任的多样化

《巴黎协定》通过和生效之后，对发展中国家有一个较大的变化，即要同发达国家缔约方一起要承担减排责任。每个缔约方具体的减排目标，措施和方法应明确写入"缔约方自主贡献"中。这说明在"减缓"和"适应"这两个责任方面，每个缔约方的责任内容都因缔约方自主确定而呈现多样化。"减缓"和"适应"责任有无区分标准？《巴黎协定》第4条第4款仅规定了，发达国家应继续带头，努力实现全经济范围内的绝对减排目标；发展中国家继续加强减缓，在国情的基础上逐步转向全经济范围减排或限排目标。这说明：在减缓气候变化方面，协定希望发达国家和发展中国家是存在区分的，且这种区分是减排力度和目标上的区分。其实，《巴黎协定》对"减缓"措施的区分更是一种美好的"期待"。仔细考察气候变化秘书处收到的165份"国家自主贡献"便不难发现：发达国家的国内减缓措施十分保守，也没有如协定所期待的那样体现发达国家的努力和力度。造成此种情况的原因很多，其中一个重要原因是，缔约方就该问题没有进行过讨论：比如体现这种力度和目标上的区分方式是什么？

第二节　"共同但有区别责任"与国际环境责任的公平分担

正如亚里士多德所言："只有当平等的人占有或分得不平等的份额，或者不平等的人占有或分得平等的份额时，才会发生争吵和抱怨。"[1]国际责任的公平分担是国际社会实现公平公正的价值需求，也对缓和国际社会发展不平衡矛盾、实现国际法纵深发展有着重要的现实意义。在国际法中，国际责任的公

---

〔1〕〔古希腊〕亚里士多德：《尼各马克伦理学》，廖申白译，商务印书馆2003年版，第135页。

平分担实际指的就是责任的公平划分问题。对国际责任公平划分的探究本身并不鲜见。在跨界水资源、渔业、贸易等领域，责任划分或责任分担早已是学界经久不衰的讨论对象。国际责任之所以可以或可能实现公平分担，必须有个事实前提——国与国之间资源或能力有大小之分。如果国与国资源或能力相同或相等，便不会出现责任公平分担这一问题。实际上，"共同但有区别责任"得以存续和发展的一个深层原因是资源少和履约能力低的缔约方无法承担较高标准的环境法律义务。缔约方资源分布不均和能力有别是《巴黎协定》着重强调缔约方能力及资金、技术资源援助的原因。从这个角度上说，国际责任的公平分担是与资源分配、责任能力密切相关的。

国际责任的公平分担需要在一个有序的组织环境中进行。这个有序的组织环境在国际社会通常会表现为国际组织或国际机构。这些国际组织或国际机构通常以国际"正义"或"公平和分配正义"为目标。[1] 比如，联合国大会以及联合国贸易和发展会议一直致力于从事与公平待遇有关的工作。

国际责任的公平分担也需要标准，根据奥斯卡·沙赫特的论述，公平分担要以"需要"及"法律期待和历史权利"为标准。[2] 笔者根据沙赫特的论述，结合"共同但有区别责任"的标准和内涵，认为国际责任的公平负担应考虑"需要"和"比例"。

---

[1] Julius Stone, *Social Dimensions of Law and Justice*, Stevens &Sons Limited, 1966, p. 117.

[2] Oscar Schachter, "Sharing the World's Resources", in Richard Falk, Friedrich Kratochwil & Saul H. Mendlvitz（eds.）, *International Law: A Contemporary Perspective*, Westview Press, 1985, pp. 528~538. 需要说明的是，沙赫特所称的"法律期待"并非刑法学意义上的概念，而是法律预设的公平目标；"历史权利"也并非领土取得意义上的"权利"概念，而是国际法赋予国家对资源的主权权利。

一、"需要"和国际责任的公平负担

气候变化领域的"共同但有区别责任"在三个方面体现了"需要"：（1）"需要"的主体为"发展中国家""最不发达国家""小岛屿国家"和"特别易受气候变化不利影响的国家"；（2）明确了发展中国家的需要为"可持续发展"和"消除贫困"；（3）发展中国家需要资金和技术资源的援助。

国际社会以"需要"作为责任公平负担的标准看似"乌托邦"——强势国家会考虑弱势国家的"需要"吗？如果不考虑其他因素的话，答案显然是否定的。但若在国际合作和治理的前提下，强势国家是可以被说服去考虑弱势国家"需要"的。当然，这种考虑一般不是内生性的，而是外源性的。

实际上，考虑弱势国家的"需要"在国际法上不是一个新的现象。国际贸易条约、国际环境条约[1]等都有对发展中国家的"需要"加以关注的条款。正如笔者在第二章所言，考虑弱势国家的"需要"很容易成为一个没有实质意义的条款。因为"需要"看似简单，实际上要解决两个困难的问题：（1）"需要"的内容或事项；（2）"需要"的实现方法。这两个问题在不同的领域会有不同的表现，比如在国际贸易领域，"需要"的内容主要为经济增长，实现方法主要为减少贸易壁垒和减让关税等；在国际环境领域，"需要"的内容主要为可持续发展、资金、技术等，实现方法主要为资金技术的援助等。因此，无论识别"需要"的内容还是实现方法均需依实际情况而定。

国际场合中判断"需要"本身很困难。尽管相关的国际机

---

[1] 气候变化国际条约及缔约方大会对发展中国家、最不发达国家、小岛屿国家和易受气候变化不利影响国家"需要"的条款详情参见本书附件一至附件四的内容。

构通过发布年度国别发展指数或数据来表明不同国家的发展水平及存在的问题，但指数或数据体现的内容是一般性的，无法从中发现弱势国家的具体需要。笔者认为，要实现"需要"条款的真正实现，要经历"提出""识别"和"满足"三个基本阶段。在国际组织高度化的今天，国际责任的分担要与国家和国际组织的互动有关，因此这三个阶段主要以国际组织为载体。以国家和国际组织互动模式为例，对弱势国家来说，要证明自己在哪些方面有什么具体的需要——"提出"阶段；对国际组织或机构来说，要识别弱势国家提出的"需要"，并按照标准和程序将弱势国家的"需要"传达给强势国家——"识别"阶段；对强势国家来说，要对弱势国家的"需要"进行判断，最终决定是否满足或者部分满足"需要"——"满足"阶段。这个互动过程通常以国际咨商或谈判的方式进行且任何一方的立场都有自身的价值判断和标准。

在气候变化谈判中，弱势国家的"需要"并没有得到落实。出现落实不到位的问题发生在第一个阶段——"提出需要"。根据《联合国气候变化框架公约》秘书处收到的历届缔约方立场文件和发言报告[1]，发展中国家特别是最不发达国家在涉及切身利益的议题上没有发表立场或者发表的立场没有实质意义。比如2004年《联合国气候变化框架公约》"附属实施机构"请求公约各缔约方就"增强发展中国家能力建设的实施"发表立场文件，但秘书处最终只收到"不丹""爱尔兰及代表的欧盟"

〔1〕《联合国气候变化框架公约》历届各缔约方立场文件，载 http://unfccc. int/documentation/submissions_ from_ parties/items/5900. php；《联合国气候变化框架公约》"附属实施机构"各缔约方立场文件，载 http://unfccc. int/documentation/documents/advanced_ search/items/3594. php? id = 3594&author = &searchterm = &symbol = MISC&title = views&topic = t-1&keywords = -1&documenttype = -1&country = -1&meeting = -1，最后访问日期：2017 年 8 月 30 日。

"日本""尼布尔"和"美国"这6个缔约方（集团）的官方立场文件。[1] 发展中国家特别是最不发达国家的"失声"绝非小概率事件，这在历届气候变化公约缔约方大会或会议上屡见不鲜。以2017年缔约方大会秘书处最新收到的"有关绿色气候基金需考虑因素"的立场和观点，只有"马尔代夫及代表的小岛屿国家联盟""印度尼西亚"和"爱沙尼亚及代表的欧盟"发表立场。[2] 马尔代夫及小岛屿国家在其立场文件中表达了"对减缓和适应资金平衡的要求……要考虑小岛屿国家和最不发达国家的需要……"[3] 而实际上直到今天，发展中国家（包括最不发达国家）及小岛屿国家的在气候变化具体方面（减缓、适应、资金、技术、透明度和能力建设）的具体需要是什么，发展中国家和小岛屿国家的立场文件都没有阐述清楚。这就导致气候变化国际条约即便以字面的方式关注发展中国家的具体需要，但在国际实践中也无法将"需要"付诸实践。造成这种状况的主要原因有三个。其一，发展中国家尤其最不发达国家在气候变化谈判中并非主导；其二，发展中国家尤其最不发达国家的人力（如法律专家、谈判专家、技术专家等）和物力（主要指资金）欠缺导致其在国际场合中无法向发达国家传递出实

---

〔1〕 "Additional information relating to the comprehensive review of the implementation of the framework for capacity-building in developing countries: Submission from Parties", FCCC/SBI/2004/MISC. 1 (23 March 2004), p. 2.

〔2〕 参见 http://www4. unfccc. int/submissions/SitePages/sessions. aspx? showOnlyCurrentCalls = 1&populateData = 1&expectedsubmissionfrom = Parties&focalBodies = COP, 最后访问日期: 2017年10月15日。

〔3〕 "Submission Views and recommendations on the elements to be taken into account in developing guidance to the Global Environment Facility (GEF) and the Green Climate Fund (GCF) by the Republic of the Maldives on behalf of the Alliance of Small Island States", in http://www4. unfccc. int/Submissions/Lists/OSPSubmissionUpload/167_305_131522758975814688 - Final% 20AOSIS% 20Submission% 20on% 20Guidance% 20to% 20GEF%20and%20GCF. pdf, 最后访问日期: 2017年10月12日。

质有效的信息。其三，发达国家在提供资金和技术方面，存在着受援助门槛高的问题，如美国和欧盟通常以"项目注资"，即以不直接提供资金的方式向发展中国家提供援助，但现实是绝大多数发展中国家没有意识到或虽意识到但没有能力利用援助项目来解决自身的"需要"。

因此，"需要"问题本质上也是"能力"问题。这种"能力"问题不单单是减排能力，同时包括组织能力、法律能力和谈判能力在内的多边咨商能力。笔者认为，要实现国际气候责任的公平负担，首先要解决发展中国家表达"需要"能力欠缺的现实问题，否则气候变化国际机制出现的"发达国家和发展中国家的参与能力的不平衡"问题永远不会解决。当然，发展中国家不明确表达立场有可能有能力之外的因素，这属于外交和政治的问题，而这并非笔者的研究范畴。

以"需要"作为国际责任的公平负担显然有现实的问题要解决，但正如沙赫特所言，以"需要"作为实现责任公平负担的一个标准可以避免"公平负担"本身语义不明和不确定的弊端。[1] 更重要的是，"需要"为弱势国家寻求国际社会公平公正对待提供了一种路径——呈现事实和表达立场。如果弱势国家不在国际场合表达"需要"，完全寄希望于国际组织或机构乃至优势国家的主动帮助，这显然是不现实的。

二、"比例"和国际责任的公平负担

亚里士多德在其《尼各马可伦理学》第五卷中对"分配的公

---

〔1〕 Oscar Schachter, "Sharing the World's Resources", in Richard Falk, Friedrich Kratochwil & Saul H. Mendlvitz (eds.), *International Law: A Contemporary Perspective*, Westview Press, 1985, p. 530.

正"进行论述时提到："分配的公正要有比例。"[1]虽然亚里士多德是从个人与社会关系的维度讨论"分配公平",但这对国际责任公平负担同样具有理论和现实的意义——国际责任公平负担也应考虑比例。"共同但有区别责任"体现了"比例"原则吗？从条约文本和缔约方大会报告上看并没有直接体现"比例"原则。但实际上无论是缔约方各自的能力,还是不同的国情都体现了"比例"原则。只是此种"比例"的内涵是模糊的,急需解释清楚。

在国际法上,"比例"或"比例原则"不是一个新的议题,比如"比例原则"早已成为国际人道法的原则之一；2001年《国家对国际不法行为的责任条款草案》第51条认为,国家在实施反措施要按照"比例"；国际法院在1996年"使用和威胁使用核武器的合法性"咨询案中认为："保护环境是评估一国行为是否满足必要性原则和比例原则的一个因素。"[2]

国际责任的公平负担之所以要考虑比例,原因主要有两个：(1)"公平"本身意味着考虑比例；(2)国际责任的分担如果不按照"比例",不考虑不同国家的责任承担能力,是不可能实现分担的公平性的。何为"比例"？根据《牛津英语大词典》的解释,"比例"是指"一个事物和另外一个事物在规模、大小和数量等的关系"。[3]根据《布莱克法律词典》的解释,"比例"被限定在武装冲突范围中的作战手段和作战目标成比例。[4]本书

---

〔1〕 〔古希腊〕亚里士多德:《尼各马克伦理学》,廖申白译,商务印书馆2003年版,第136页。

〔2〕 *Legality of the Threat or Use of Nuclear Weapons*(*Advisory opinion*)〔1996〕,para. 30.

〔3〕 Catherine Soanes, Angus Stevenson(eds.), *Oxford Dictionary of English*(2nd edn), Oxford University Press 2005, p.1412.

〔4〕 Bryan A. Garner(eds.), *Black's Law Dictionary*(7th edn), West Group, 2000, p.989.

对此采取《牛津英文大辞典》的解释，并认为国际责任分担的
"比例"指的是国际责任分担过程中应考虑的国家规模大小、地
理位置、资源多寡、经济发展水平和阶段和责任承担份额的关系。

如何确定"比例"？这不完全是一个数学计算问题。2012
年国际法院在对"领土和海洋争议案"的判决中提到："海洋划
界不能仅仅通过数学计算的方式来确定争议双方的海岸和海岸
所涉区域，法官应避免使用严格比例原则[1]……合乎比例需
要考虑特定案件的所有情况。"[2]比例的确定在不同领域、不同
案件所表现的因素是不同的。在海洋资源分配领域，比例既表
现为不要将一国的渔民置于劣势，又表现为不应不公平地分配
大陆架上的矿物资源。[3]在环境保护领域，比例不仅体现环境
责任大小与环境破坏行为轻重的因果关系，也体现环境治理责
任与环境治理能力的正相关。此外，比例体现的公平特性使之
可以作为资源公平分配的原则。[4]

"共同但有区别责任"在责任分担上体现了"比例"原则：

第一，以"人均排放量"为区别责任的标准体现了"行为
轻重和结果大小与责任大小"成比例。在诸多法律责任模式中，
"行为引发责任"是最基本的责任模式。发达国家和发展中国家
"人均排放量"的大小，实质体现了排放行为的轻重和结果大小
情况，排放行为及结果理应与责任成比例，因此发达国家需要

---

[1] *Territorial and Maritime Dispute* (*Nicaragua v Colombia*) (*Judgment*) [2012], para. 240.

[2] *Territorial and Maritime Dispute* (*Nicaragua v Colombia*) (*Judgment*) [2012], para. 242.

[3] Michael Newton, Larry May (eds.), *Proportionality in International Law*, Oxford University Press, 2014, p. 54.

[4] Michael Newton, Larry May (eds.), *Proportionality in International Law*, Oxford University Press, 2014, p. 54.

比发展中国家承担更大的责任。

第二,"各自能力"和"不同国情"是"比例"原则的要素。责任承担和责任能力及水平有关。如果无视缔约方的能力和国情,让其超出自身负荷承担责任是不公平责任分担。责任承担应依据"各自能力"意味着缔约方的履约能力强弱决定了缔约方责任的大小;责任承担应考虑"不同国情"意味着缔约方责任的大小应与国情相适应。履约能力、国情和责任大小相适应表明了气候变化的全球责任应以比例的方式在不同履约能力和不同国情的国家间实现分担。

三、共同但有区别责任中的"需要"和"比例"在国际环境责任公平分担的"角色"

任何一种标准都不能成为解决某个问题的唯一路径。笔者之所以认为"需要"和"比例"应作为国际环境责任公平分担的考虑因素和原则,原因在于责任公平分担不会是自然发生的,它是受到或潜在受到不公正对待的一方表达的"需要"及收到公正诉求的一方给予回应共同作用的结果。在国际政治现实中,与"需要"相对应的并不一定是"给予"。能力强的国家往往以自身利益优先,不可能完全依据能力弱的国家的"需要"给予其完全的援助。在这一点上,气候变化领域中资金、技术和能力建设的实施效果不明显就很能说明问题。但这不是说,国际责任的分担就不能体现公平。解决"需要"是国际环境责任可能实现公平分担目标需要跨越的第一个"栏杆"。在国际合作中,不可能一直出现一方承担责任,另一方不承担责任的现象。在多方都有承担责任的情况下,责任的公平分担更需要法律事实、法律技术和法律理论作支撑。在这种情况下,国际责任按缔约方的能力和国情等"比例"要素分担是合乎国际公正合理秩序要求的。

因此，笔者认为，"需要"在国际责任公平分担中的角色是实现资源再分配。"需要"是为了将优势国家的多余资源流向劣势国家，使劣势国家的能力得到加强，这体现了哲学上的"矫正正义"；"比例"在国际责任公平分担中的角色是实现责任大小和行为、能力的正关联，即行为后果大小导致责任大小，履行能力大小导致责任大小，这体现了法律上的"责任归因和责任能力"；"需要"和"比例"这两个标准在国际责任公平分担中不是一个互相排斥而是彼此互动的关系。满足"需要"的目的不仅仅是援助，而是让"需要"得到满足的国家能够承担责任，但"需要"得到满足并不等于要与其他国家承担同等的责任，责任的承担仍要考虑"比例"。

第六章

结　论

◆◇◆

　　"共同但有区别责任"是20世纪90年代气候变化国际法领域确立的一项法律原则。"共同但有区别责任"之所以能够在国际环境领域得以存续与发展，主要有两个原因：其一，国际环境领域属于单靠发达国家无法解决的国际公共领域，且需要广大发展中国家的实质和有效参与；其二，发展中国家解决环境问题的能力较弱，无法同发达国家一样履行同等高标准的国际法义务。"共同但有区别责任"属于国际法领域的一种区别待遇，其目的是追求国际环境义务公平负担、实现国际法实质公平。从这一点上说，对"共同但有区别责任"的研究实质上也是对国际法实现实质公平的探究。笔者选择"气候变化"这一发展较有活力的国际环境法分支，同样得益于两点原因：（1）气候变化国际条约是所有国际环境条约中第一个将"共同但有区别责任"明确确立为条约一般原则的，该原则在气候变化领域的发展时间最悠久。（2）"共同但有区别责任"在气候变化国际法律机制的发展最丰富，围绕该原则设立的机制在已召开的二十多届缔约方大会中不断得到推进和发展。笔者通过探究学理和实证考察两个路径，认为气候变化国际法律机制中的"共同但有区别责任"有下列结论：

一、理论结论

（1）"共同但有区别责任"中的"责任"有两个维度，即环境伦理的责任和实在法上的义务。大气属于国际共有物，气候变化问题属于全人类共同面对的挑战和问题。气候变化属于国际环境问题，对环境的国际保护属于国际社会全体成员的共同责任。但各国引起气候变化的原因、应对能力和国情不同，在具体责任方面应以公平公正为基础承担有"区别"责任，这属于环境伦理责任。对环境保护的共同责任和区别责任不能仅仅体现在理念上，需要各国订立国际条约，建立富有成效的国际机制，依照条约规定和机制安排负担具体的责任，该责任属于气候变化国际法律机制规定的实在法义务。"共同但有区别责任"可分为"共同责任"和"区别责任"。"共同责任"指的是国际社会对全球共有问题的共同管理和共同应对义务。"区别责任"指的是各国对全球共有问题的产生、各自应对能力和国情的差别承担不同责任。共同责任是缔约方开展合作，进行广泛参与的出发点。只有具备合作和参与的目标，才会产生责任的不同分担问题。而"区别责任"是不同国家以历史贡献、自身能力和国情为基础承担不同气候治理责任，开展多样化的气候治理路径。区别责任是为了更有效地实现"共同责任"。因此，"共同责任"是"区别责任"的前提。"区别责任"不是规避"共同责任"，其目的是实现"共同责任"。

（2）"共同但有区别责任"中的"责任"并非国际法次级规则上的"责任"。气候变化的责任问题不属于国际法中国家责任制度下的"责任"范畴。其一，该责任实现不了"法律归因"，即建立不了"单个行为"和"最终结果"间的因果关系。其二，国际法中的国家责任已经明确将气候等国际共有物问题排除在"责任规则"范畴之外。因此,在国际司法机构以"共同但有区别责任"为由获得法律救济并不具备国际法理基础。

(3)"共同但有区别责任"本质上属于国际环境法义务的公平分担问题。"共同但有区别责任"的核心在于"区别责任",如果没有"区别责任","共同责任"则更多停留在政治立场和伦理语境中。在国际环境法领域尤其在气候变化领域讨论"区别责任",实质上在讨论发展中国家如何在多边外交场合中以合法且合理的理由,将"历史归因""应对能力和适应能力""国情要素""需要"和"减排义务"融为一体,以实现气候变化国际法律义务公平公正负担的最终目的。

二、实践结论

(1)气候变化领域中的"共同但有区别责任"包括共同履约、历史贡献和不同能力、国情。其中历史贡献和不同能力、国情是发展中国家承担较轻责任的理由;"共同但有区别责任"在气候变化国际法文件中有两个层面的含义:其一,应对气候变化是国际社会成员共同的责任;其二,发达国家和发展中国家导致气候变化的历史归因不同、现实应对气候变化的能力不同及国情不同使得各自具体承担的责任也不同。"区别责任"的区分标准有两个,分别为"人均排放量标准"和"经济发展水平、阶段标准"。这两个区分标准不仅获得绝大多数缔约方的认可,也具备坚实的科学基础。

(2)《巴黎协定》中的"共同但有区别责任和各自能力原则,并考虑不同国情"并非该协定首创。"不同国情"及相关要素在1995年第一届联合国气候变化大会和1996年第二届联合国气候变化大会上分别得到了缔约方大会的确认和阐释。1996年联合国气候变化缔约方大会对"不同国情"确立的8项指标详尽并完备，可被今后缔约方大会和缔约各方用来指导实践。

（3）"共同但有区别责任"在气候变化国际法律机制下呈现出一系列的责任区分制度。"核心减排义务"方面，在1997年建立了《京都议定书》体系下的"发达国家强制减排份额分配"制度，这一制度体现了"发达国家"与"发展中国家"的二元区分。由于发达国家的履约不力甚至退约导致"强制减排份额"制度归于失败。国际社会确立的2020年后气候变化应对机制——《巴黎协定》体系下建立的"所有缔约方自主决定减排量"制度，该制度反映在《巴黎协定》中为"国家自主贡献"。"国家自主贡献"中的减排义务不存在"发达国家"和"发展中国家"的二元区分。"单独援助义务"方面，"资金机制""技术机制"和强化发展中国家能力的"能力建设机制"正在运行。其中，"资金机制"仍体现了发达国家和发展中国家的传统二元区分路径；"技术机制"和"能力建设机制"体现了发达国家、经济转型国家、最不发达国家和发展中国家之间的多元区分路径；经最不发达国家的倡议，气候变化国际法律机制在2014年建立了"考虑发展中国家特殊情况"的专门机制，即"REDD-plus"机制。该机制涵盖"资金""辅助实施""国内森林监测""技术评审"和"报告机制"五个方面。这五个方面最有特色的是依照"辅助实施"建立的"自愿会议"制度。"自愿会议"制度以参会的发展中国家为主导，由发展中国家对"资金"如何体现并落实自身需求向资金机构提出建议。

（4）"共同但有区别责任"在气候变化国际法律机制实践中有两个显著的缺陷。其一是对发展中国家的"需要"关注不足。这使得气候变化国际条约中的"关注发展中国家的具体需要"条款至今没有实践的根基。笔者认为弱势国家的"需要"没有得到落实，且没有建立起相应的国际实施机制，根本问题

出在发展中国家特别是最不发达国家在国际气候谈判处于非主
导地位。国际谈判的非主导劣势来源于自身参与能力不足。如
果国际社会不去解决发展中国家的多边机制参与能力，不关注
和落实发展中国家特别是最不发达国家的"具体需要"，气候变
化的公平和合理治理很难实现。其二是资金援助和技术援助不
公平。资金援助不公平体现为"资金获取门槛高"，技术援助不
公平体现为"技术支持项目类型严重失衡"。资金获取门槛高表
现为发展中国家不能直接获得发达国家提供的资金，必须以项
目申请的方式获取资金，资金是否获取及获取量均须资金项目
评审专家评审后才能确定，发展中国家尤其是最不发达国家现
有的资金申请能力低导致其实际受助难。技术支持项目严重失
衡指的是减缓技术的数量远远高于适应技术的数量，而应对气
候变化更强调适应。相比减缓，发展中国家更需要提高适应能
力。尽管发展中国家一再强调强化适应技术的数量，但是现在
气候变化技术支持依然过度集中在减缓方面。

　　"共同但有区别责任"是一个不断演变的法律原则。以《巴
黎协定》的通过为时间节点，在 2015 年之前，"共同但有区别
责任"体现的"区分责任"是最彻底的，该彻底性体现在核心
减排责任上的区别。由于《京都议定书》中要求发达国家承担
的量化减排责任受到美国、加拿大等发达国家的反对，核心减
排责任的区别法律机制基本归于失效。为了达成有更多缔约方
参与的法律机制，《巴黎协定》放弃了在核心减排责任上的区
分。尽管如此，新的气候变化国际法律机制并没有弱化发达国
家的"资金"和"技术"责任。现如今，"共同但有区别责任"
已经不单单强调"历史责任"，以中国为首的发展中国家开始更
加强调"能力"和"国情"。这也促使国际社会开始更加注重
发展中国家特别是最不发达国家的能力建设问题。

综上所述,"共同但有区别责任"不仅是国际环境法领域不断发展和演变的原则,也对具体的多边环境机制的形成和结构产生指引作用,这一点在气候变化领域反映得尤为明显。恰逢《巴黎协定》对"共同但有区别责任"的拓展,笔者才可以对气候变化领域这一坚持二十多年的原则进行较为全面的研究和剖析。实际上,要全方面考察"共同但有区别责任",有三个基本研究点:(1)法律标准和内涵;(2)实施机制的构成;(3)具体实施的阶段和实施效果。由于本书篇幅所限,只解决了前两点及第三点中的"实施阶段",而对"共同但有区别责任"在气候变化国际法律机制的实施效果没有触及有两点原因。其一,实施效果是个庞大且复杂的问题。在国际层面考察一个原则有没有效果,更可能的办法是考察主要缔约方的实施效果,比如考察气候变化领域中的美国、欧盟和中国的实施效果,这实际上涉及一个国际条约的国内实施问题。国家实施气候条约和"共同但有区别责任"的实施效果完全不是一个维度的问题。其二,"共同但有区别责任"本身是一个国际法律问题。在多边环境谈判和外交这个场域研究该原则才能探究发达国家和发展中国家各自立场的要素,以及各自立场要素如何丰富和发展该原则本身。但并不是说,研究原则的效果不可行,而要看研究者所持的立场是什么?是强化"区别责任"还是弱化"区别责任"。

参考文献

一、官方文献

（一）条约、议定书和协定

1. 《联合国气候变化框架公约》（United Nations Framework Convention on Climate Change，UNFCCC）：1992 年 5 月 9 日缔结，1994 年 3 月 21 日生效。中国于 1992 年 6 月 11 日签署，1993 年 5 月 7 日批准，1994 年 3 月 21 日对中国生效。公约网站：http://unfccc. int/essential_ background/ convention/items/6036. php。截止到 2017 年 8 月 28 日共有 197 个缔约方。

2. 《〈联合国气候变化框架公约〉京都议定书》（Kyoto Protocol to the United Nations Framework Convention on Climate Change，KP）：1997 年 12 月 11 日缔结，2005 年 2 月 16 日生效。中国于 1998 年 5 月 29 日签署，2002 年 8 月 30 日批准，2005 年 2 月 16 日对中国生效。议定书网站：http:// unfccc. int/kyoto_ protocol/items/2830. php。截止到 2017 年 8 月 28 日共有 192 个缔约方。

3. 《巴黎协定》（Paris Agreement，PA）：2015 年 12 月 12 日缔结，2016 年 12 月 4 日生效。中国于 2016 年 4 月 22 日签署，2016 年 9 月 3 日批准，2016 年 12 月 4 日对中国生效。协定网站：https://unfccc. int/process/the-paris-agreement/status-of-ratification。截止到 2021 年 5 月 1 日共有 191 个缔约方。

(二) 国际文件

1. United Nations General Assembly, "Report of the United Nations Conference on Environment and Development" (12 August 1992) UN Doc A/CONF. 151/ 26 (Vol. I).

2. United Nations General Assembly, "Report of the South Commission" (19 December 1991) UN Doc A/RES/46/155.

3. United Nations General Assembly, "Declaration on the Establishment of a New International Economic Order" (1 May 1974) UN Doc Resolution 3201 (S-VI).

4. United Nations General Assembly, "Problems of the Human Environment" (3 December 1968) GA Res. 2398.

5. United Nations General Assembly, "United Nations Conference on Environment and Development" (12 December 1989) UN Doc GA Res. 44/228.

6. United Nations General Assembly, "Report of the International Law Commission" (16 August 2012) UN Doc A/57/10.

7. United Nations, "Report of the United Nations Conference on the Human Environment" (1973) UN Doc A/CONF. 48/14/Rev. 1.

8. United Nations, "Declaration of the United Nations Conference on the Human Environment" (16 June 1972) UN Doc A/CONF. 48/14/Rev. 1.

9. United Nations International Law Commission, "Draft Articles on Responsibility of States for Internationally Wrongful Acts" (2001) GAOR 56th Session, Supp. 10, 43.

10. United Nations International Law Commission, "Draft principles on the allocation of loss in the case of transboundary harm arising out of hazardous activities with commentaries" (2006) GAOR 58th Session, Supp. 10, 58.

11. United Nations International Law Commission, "Draft Articles on the Responsibility of International Organizations" (2011) GAOR 63rd Session, Supp. 10, 54.

（三）国际司法判例、仲裁裁决

1. *The Lotus Case* (*France v Turkey*) (*Judgment*) [1927].

2. *The Trail Smelter Case* (*United States of America v Canada*) (*Judgment*) [1941].

3. *The Corfu Channel Case* (*United Kingdom v Albania*) (*Judgment*) [1949].

4. *The Gabčíkovo-Nagymaros Project* (*Hungary v Slovakia*) (*Judgment*) [1941].

5. *Territorial and Maritime Dispute* (*Nicaragua v Colombia*) (*Judgment*) [2012].

6. *The Lake Lannoux Arbitration Case* (*Spain v France*) (*Arbitration*) [1975].

7. *The Legality of the Threat or Use of Nuclear Weapons* (*Advisory Opinion*) [1996].

（四）气候变化缔约方大会或会议报告

1. COP-1

"Report of the Conference of the Parties on its first session, held at Berlin from 28 March to 7 April 1995", FCCC/CP/1995/7 (24 May 1995).

"Report of the Conference of the Parties on its first session, held at Berlin from 28 March to 7 April 1995", FCCC/CP/1995/7/Add. 1 (6 June 1995).

2. COP-2

"Report of the Conference of the Parties on its second session, held at Geneva from 8 to 19 July 1996", FCCC/CP/1996/15 (29 October 1996).

"Report of the Conference of the Parties on its second session, held at Geneva from 8 to 19 July 1996", FCCC/CP/1996/15 /Add. 1 (29 October 1996).

3. COP-3

"Report of the Conference of the Parties on its third session, held at Kyoto from 1 to 11 December 1997", FCCC/CP/1997/7 (24 March 1998).

"Report of the Conference of the Parties on its third session, held at Kyoto from 1 to 11 December 1997", FCCC/CP/1997/7 /Add. 1 (25 March 1998).

4. COP-4

"Report of the Conference of the Parties on its fourth session, held at Buenos Aires from 2 to 14 November 1998", FCCC/CP/1998/16 (25 January 1999).

"Report of the Conference of the Parties on its fourth session, held at Buenos Aires from 2 to 14 November 1998", FCCC/CP/1998/16/Add. 1 (25 January

1999）.

5. COP-5

"Report of the Conference of the Parties on its fifth session, held at Bonn from 25 October to 5 November 1999", FCCC/CP/1999/6（21 December 1999）.

"Report of the Conference of the Parties on its fifth session, held at Bonn from 25 October to 5 November 1999", FCCC/CP/1999/6/Add. 1（2 February 2000）.

6. COP-6

"Report of the Conference of the Parties on the first part of its sixth session, held at Hague from 13 to 25 November 2000", FCCC/CP/2000/5（4 April 2001）.

"Report of the Conference of the Parties on the first part of its sixth session, held at Hague from 13 to 25 November 2000", FCCC/CP/2000/5/Add. 1（4 April 2001）.

"Report of the Conference of the Parties on the first part of its sixth session, held at Hague from 13 to 25 November 2000", FCCC/CP/2000/5/Add. 2（4 April 2001）.

"Report of the Conference of the Parties on the first part of its sixth session, held at Hague from 13 to 25 November 2000", FCCC/CP/2000/5/Add. 3（Vol. I）（4 April 2001）.

"Report of the Conference of the Parties on the first part of its sixth session, held at Hague from 13 to 25 November 2000", FCCC/CP/2000/5/Add. 3（Vol. II）（4 April 2001）.

"Report of the Conference of the Parties on the first part of its sixth session, held at Hague from 13 to 25 November 2000", FCCC/CP/2000/5/Add. 3（Vol. III）（4 April 2001）.

"Report of the Conference of the Parties on the second part of its sixth session, held at Bonn from 16 to 27 July 2001", FCCC/CP/2001/5（25 September 2001）.

"Report of the Conference of the Parties on the second part of its sixth session, held at Bonn from 16 to 27 July 2001", FCCC/CP/2001/5/Add. 1 (25 September 2001).

"Report of the Conference of the Parties on the second part of its sixth session, held at Bonn from 16 to 27 July 2001", FCCC/CP/2001/5/Add. 2 (25 September 2001).

7. COP-7

"Report of the Conference of the Parties on its seventh session, held at Marrakesh from 29 October to 10 November 2001", FCCC/CP/2001/13 (21 January 2002).

"Report of the Conference of the Parties on its seventh session, held at Marrakesh from 29 October to 10 November 2001", FCCC/CP/2001/13/Add. 1 (21 January 2002).

"Report of the Conference of the Parties on its seventh session, held at Marrakesh from 29 October to 10 November 2001", FCCC/CP/2001/13/Add. 2 (21 January 2002).

"Report of the Conference of the Parties on its seventh session, held at Marrakesh from 29 October to 10 November 2001", FCCC/CP/2001/13/Add. 3 (21 January 2002).

"Report of the Conference of the Parties on its seventh session, held at Marrakesh from 29 October to 10 November 2001", FCCC/CP/2001/13/Add. 4 (21 January 2002).

8. COP-8

"Report of the Conference of the Parties on its eighth session, held at New Delhi from 23 October to 1 November 2002", FCCC/CP/2002/7 (28 March 2003).

"Report of the Conference of the Parties on its eighth session, held at New Delhi from 23 October to 1 November 2002", FCCC/CP/2002/7/Add. 1 (28 March 2003).

"Report of the Conference of the Parties on its eighth session, held at New Delhi from 23 October to 1 November 2002", FCCC/CP/2002/7/Add. 2 (28

March 2003).

"Report of the Conference of the Parties on its eighth session, held at New Delhi from 23 October to 1 November 2002", FCCC/CP/2002/7/Add. 3 (28 March 2003).

9. COP-9

"Report of the Conference of the Parties on its ninth session, held at Milan from 1 to 12 December 2003", FCCC/CP/2003/6 (30 March 2004).

"Report of the Conference of the Parties on its ninth session, held at Milan from 1 to 12 December 2003", FCCC/CP/2003/6/Add. 1 (30 March 2004).

"Report of the Conference of the Parties on its ninth session, held at Milan from 1 to 12 December 2003", FCCC/CP/2003/6/Add. 2 (30 March 2004).

10. COP-10

"Report of the Conference of the Parties on its tenth session, held at Buenos Aires from 6 to 18 December 2004", FCCC/CP/2004/10 (18 April 2005).

"Report of the Conference of the Parties on its tenth session, held at Buenos Aires from 6 to 18 December 2004", FCCC/CP/2004/10/Add. 1 (19 April 2005).

"Report of the Conference of the Parties on its tenth session, held at Buenos Aires from 6 to 18 December 2004", FCCC/CP/2004/10/Add. 2 (19 April 2005).

11. COP-11

"Report of the Conference of the Parties on its eleventh session, held at Montreal from 28 November to 10 December 2005", FCCC/CP/2005/5 (30 March 2006).

"Report of the Conference of the Parties on its eleventh session, held at Montreal from 28 November to 10 December 2005", FCCC/CP/2005/5/Add. 1 (30 March 2006).

"Report of the Conference of the Parties on its eleventh session, held at Montreal from 28 November to 10 December 2005", FCCC/CP/2005/5/Add. 2 (30 March 2006).

12. COP-12

"Report of the Conference of the Parties on its twelfth session, held at Nairobi from 6 to 17 November 2006", FCCC/CP/2006/5 (26 January 2007).

"Report of the Conference of the Parties on its twelfth session, held at Nairobi from 6 to 17 November 2006", FCCC/CP/2006/5/Add. 1 (26 January 2007).

13. COP-13

"Report of the Conference of the Parties on its thirteenth session, held in Bali from 3 to 15 December 2007", FCCC/CP/2007/6 (14 March 2008).

"Report of the Conference of the Parties on its thirteenth session, held in Bali from 3 to 15 December 2007", FCCC/CP/2007/6/Add. 1 (14 March 2008).

"Report of the Conference of the Parties on its thirteenth session, held in Bali from 3 to 15 December 2007", FCCC/CP/2007/6/Add. 2 (14 March 2008).

14. COP-14

"Report of the Conference of the Parties on its fourteenth session, held in Poznan from 1 to 12 December 2008", FCCC/CP/2008/7 (19 March 2009).

"Report of the Conference of the Parties on its fourteenth session, held in Poznan from 1 to 12 December 2008", FCCC/CP/2008/7/Add. 1 (18 March 2009).

15. COP-15

"Report of the Conference of the Parties on its fifteenth session, held in Copenhagen from 7 to 19 December 2009", FCCC/CP/2009/11 (30 March 2010).

"Report of the Conference of the Parties on its fifteenth session, held in Copenhagen from 7 to 19 December 2009", FCCC/CP/2009/11/Add. 1 (30 March 2010).

16. COP-16

"Report of the Conference of the Parties on its sixteenth session, held in Cancun from 29 November to 10 December 2010", FCCC/CP/2010/7 (15 March 2011).

"Report of the Conference of the Parties on its sixteenth session, held in Cancun from 29 November to 10 December 2010", FCCC/CP/2010/7/Add. 1 (15 March 2011).

"Report of the Conference of the Parties on its sixteenth session, held in Cancun from 29 November to 10 December 2010", FCCC/CP/2010/7/Add. 2 (15 March 2011).

17. COP-17

"Report of the Conference of the Parties on its seventeenth session, held in Durban from 28 November to 11 December 2011", FCCC/CP/2011/9 (15 March 2012).

"Report of the Conference of the Parties on its seventeenth session, held in Durban from 28 November to 11 December 2011", FCCC/CP/2011/9/Add. 1 (15 March 2012).

"Report of the Conference of the Parties on its seventeenth session, held in Durban from 28 November to 11 December 2011", FCCC/CP/2011/9/Add. 2 (15 March 2012).

18. COP-18

"Report of the Conference of the Parties on its eighteenth session, held in Doha from 26 November to 8 December 2012", FCCC/CP/2012/8 (28 February 2013).

"Report of the Conference of the Parties on its eighteenth session, held in Doha from 26 November to 8 December 2012", FCCC/CP/2012/8/Add. 1 (28 February 2013).

"Report of the Conference of the Parties on its eighteenth session, held in Doha from 26 November to 8 December 2012", FCCC/CP/2012/8/Add. 2 (28 February 2013).

"Report of the Conference of the Parties on its eighteenth session, held in Doha from 26 November to 8 December 2012", FCCC/CP/2012/8/Add. 3 (28 February 2013).

19. COP-19

"Report of the Conference of the Parties on its nineteenth session, held in Warsaw from 11 to 23 November 2013", FCCC/CP/2013/10 (31 January 2014).

"Report of the Conference of the Parties on its nineteenth session, held in Warsaw from 11 to 23 November 2013", FCCC/CP/2013/10/Add. 1 (31 January 2014).

"Report of the Conference of the Parties on its nineteenth session, held in Warsaw from 11 to 23 November 2013", FCCC/CP/2013/10/Add. 2/Rev. 1 (25 September 2014).

"Report of the Conference of the Parties on its nineteenth session, held in Warsaw from 11 to 23 November 2013", FCCC/CP/2013/10 (31 January 2014).

20. COP-20

"Report of the Conference of the Parties on its twentieth session, held in Lima from 1 to 14 December 2014", FCCC/CP/2014/10 (2 February 2015).

"Report of the Conference of the Parties on its twentieth session, held in Lima from 1 to 14 December 2014", FCCC/CP/2014/10/Add. 1 (2 February 2015).

"Report of the Conference of the Parties on its twentieth session, held in Lima from 1 to 14 December 2014", FCCC/CP/2014/10/Add. 2 (2 February 2015).

"Report of the Conference of the Parties on its twentieth session, held in Lima from 1 to 14 December 2014", FCCC/CP/2014/10/Add. 3 (2 February 2015).

21. COP-21

"Report of the Conference of the Parties on its twenty-first session, held in Paris from 30 November to 13 December 2015", FCCC/CP/2015/10 (29 January 2016).

"Report of the Conference of the Parties on its twenty-first session, held in

Paris from 30 November to 13 December 2015", FCCC/CP/2015/10/Add. 1 (29 January 2016).

"Report of the Conference of the Parties on its twenty-first session, held in Paris from 30 November to 13 December 2015", FCCC/CP/2015/10/Add. 2 (29 January 2016).

"Report of the Conference of the Parties on its twenty-first session, held in Paris from 30 November to 13 December 2015", FCCC/CP/2015/10/Add. 3 (29 January 2016).

22. COP-22

"Report of the Conference of the Parties on its twenty-second session, held in Marrakech from 7 to 18 November 2016", FCCC/CP/2016/10 (31 January 2017).

"Report of the Conference of the Parties on its twenty-second session, held in Marrakech from 7 to 18 November 2016", FCCC/CP/2016/10/Add. 1 (31 January 2017).

"Report of the Conference of the Parties on its twenty-second session, held in Marrakech from 7 to 18 November 2016", FCCC/CP/2016/10/Add. 2 (31 January 2017).

23. COP-23

"Report of the Conference of the Parties on its twenty-third session, held in Bonn from 6 to 18 November 2017", FCCC/CP/2017/11/Add. 1 (8 February 2018).

"Report of the Conference of the Parties on its twenty-third session, held in Bonn from 6 to 18 November 2017", FCCC/CP/2017/11/Add. 2 (8 February 2018).

24. COP-24

"Report of the Conference of the Parties on its twenty-fourth session, held in Katowice from 2 to 15 December 2018", FCCC/CP/2018/10/Add. 1 (19 March 2019).

"Report of the Conference of the Parties on its twenty-fourth session, held in

Katowice from 2 to 15 December 2018", FCCC/CP/2018/10/Add. 2 (19 March 2019).

25. COP-25

"Report of the Conference of the Parties on its twenty-fifth session, held in Madrid from 2 to 15 December 2019", FCCC/CP/2019/13/Add. 1 (16 March 2020).

"Report of the Conference of the Parties on its twenty-fifth session, held in Madrid from 2 to 15 December 2019", FCCC/CP/2019/13/Add. 2 (16 March 2020).

二、学者著述

(一) 书籍、著作

1. 英文

(1) Antony Anghie, *Imperialism, Sovereignty and the Making of International Law*, Cambridge University Press, 2005.

(2) Alexandre Kiss, Dinah Shelton, *International Environment Law*, 3rd edn, Transnational Publishers Inc, 2004.

(3) Daniel Bodansky, Jutta Brunné, Lavanya Rajamani, *International Climate Change Law*, Oxford University Press, 2017.

(4) Daniel Warner, *An Ethic of Responsibility in International Relations*, Lynne Rienner Publishers, 1991.

(5) Daniel Patrick O'Connell, *International Law*, 2nd edn, Stevens&Sons, 1970.

(6) Elihu Lauterpacht (ed.), *International Law: Being the Collected Papers of Hersch Lauterpacht (Vol. I)*, Cambridge University Press, 1970.

(7) Farhana Yamin, Joanna Depledge (eds.), *The International Climate Change Regime: A Guide to Rules, Institutions and Procedures*, Cambridge University Press, 2004.

(8) Hans J. Morgenthau, *Politics Among Nations: The Struggle for Power and Peace*, Alfred A. Knopf, 1963.

(9) Hilary Charlesworth, Christine M. Chinkin, *The Boundaries of International Law: A Feminist Analysis*, Manchester University Press, 2000.

(10) Ivan A. Shearer, *Starke's International Law*, Butterworths, 1994.

(11) John Rawls, *A Theory of Justice*, Harvard University Press, 1999.

(12) James Crawford, *Chances, Order, Change: The Courses of International Law*, Hague Academy of International Law, 2013.

(13) Johannes Mattern, *Concepts of State, Sovereignty and International Law*, Oxford University Press, 1928.

(14) Julius Stone, *Social Dimensions of Law and Justice*, Stevens &Sons Limited, 1966.

(15) Lavanya Rajaman, *Different Treatment in International Environmental Law*, Oxford University Press, 2006.

(16) Lassa Oppenheim, Ronald F. Roxburgh, *International Law (Vol. I)*, Green Longmans, 1920.

(17) Martti Koskenniem, *The Politics of International Law*, Hart Publishing, 2011.

(18) Martti Koskenniem, *The Gentle Civilizer of Nations: The Rise and Fall of Modern International Law*, 1870-1960, Cambridge University Press, 2002.

(19) Malcolm N. Shaw, *International Law (7th edn)*, Cambridge University Press, 2014.

(20) Michael Newton, Larry May (eds.), *Proportionality in International Law*, Oxford University Press, 2014.

(21) Oscar Schachter, *Sharing the World's Resources*, Columbia University Press, 1977.

(22) Oscar Schachter, *International Law in Theory and Practice*, Martinus Nijhoff Publishers, 1991.

(23) Patricia Birnie, Alan Boyle, Catherine Redgwell, *International Law & the Environment*, 3rd edn, Oxford University Press, 2009.

(24) PeterMalanczuk, *Akehurst's Modern Introduction to International Law (7th edn)*, Routedge, 1997.

(25) Philippe Cullet, *Differential Treatment in International Environmental Law*,

Ashgate Publishing, 2003.

(26) Philippe Sands, Jacqueline Peel (eds.) , *Principles of International Environmental Law*, Cambridge University Press, 2012.

(27) Shahrad Nasrolahi Fard, *Reciprocity in International Law*, Routledge, 2016.

(28) Thomas M. Franck, *The Power of Legitimacy Among Nations*, Oxford University Press, 1990.

(29) Thomas Gehring, *Dynamic International Regimes*, *Institutions for International Environmental Governance*, Peter Lang, 1994.

(30) Tim Stephens, *International Courts and Environmental Protection*, Cambridge University Press, 2009.

(31) Tuula Honkonen, *The Common but Differentiated Responsibility Principle in Multilateral Environmental Agreements: Regulatory and Policy Aspects*, Kluwer Law International, 2009.

(32) Wolfgang Friedmann, *The Changing Structure of International Law*, Stevens& Sons, 1964.

(33) Xue Hanqin, *Transboundary Damage in International Law*, Cambridge University Press, 2003.

2. 中文

(1) ［古希腊］亚里士多德:《尼各马克伦理学》, 廖申白译, 商务印书馆 2003 年版。

(2) ［英］哈特:《法律的概念》, 张文显等译, 中国大百科全书出版社 2003 年版。

(二) 论文、章节等篇目

1. 英文

(1) Allen Buchanan, "Justice as Reciprocity versus Subject-Centered Justice", *Philosophy and Public Affairs*, (1990), 231.

(2) Anna Huggins, Md Saiful Karim, "Shifting Traction: Differential Treatment and Substantive and Procedural Regard in the International Climate Change Regime", *Transnational Environmental Law*, (2016), 427.

(3) Céline Nègre, "Responsibility and International Environmental Law", in

James Crawford, Alain Pellet & Simon Olleson (eds.), *The Law of International Responsibility*, Oxford University Press, 2010.

(4) Christina Voigt, Felipe Ferreira, "'Dynamic Differentiation': The Principles of CBDR-RC, Progression and Highest Possible Ambition in the Paris Agreement", *Transnational Environmental Law*, (2016), 285.

(5) Christopher D. Stone, "Common but Differentiated Responsibilities in International Law", *The American Journal of International Law*, (2004), 276.

(6) Christopher D. Stone, "Common but Differentiated Responsibilities in International Law", in Koen De Feyter (eds.), *Globalizatioxn and Common Responsibilities of States*, Ashgate Publishing, 2013.

(7) Daniel Barstow Magraw, "Legal Treatment of Developing Countries: Differential, Contextual, and Absolute Norms", *Colorado Journal of International Environmental Law*, (1990), 69.

(8) Duncan French, "Developing States and International Environmental Law: The Importance of Differentiated Responsibilities", *International and Comparative Law Quarterly*, (2000), 35.

(9) David Kennedy, "The Sources of International Law", *American University Journal of International Law and Policy*, (1987), 1.

(10) Edith Brown Weiss, "Environmental Equity and International Law", in Sue Lin (ed.), *UNEP's New Way Forward: Environmental Law and Sustainable Development*, United Nations Environment Programme, 1995.

(11) F. H. Knelman, "What happened at Stockholm", *International Journal*, (1973), 28.

(12) Gareth Duncan, "Common but Differentiated Responsibilities: The Implications of Principles Seven and the Duty to Cooperate on the Implementation of the Convention on Biological Diversity", *Ocean Yearbook*, (2002), 75.

(13) Georges Abi-Saab, "Whither the International Community?", *European Journal of International Law*, (1998), 248.

(14) Harvard Law School Research in International Law, "The Law of Responsibility of States for Damage Done in Their Territory to the Person or Property

of Foreigners", *American Journal of International Law*, (1929), 131.

(15) Lavanya Rajamani, "The Principle of Common but Differentiated Responsibility and the Balance of Commitments under the Climate Regime", *Review of European Community & International Environmental Law*, (2000), 120.

(16) Lavanya Rajamani, "The Changing Fortunes of Differential Treatment in the Evolution of International Environmental Law" 3 *International Affairs*, (2012), 605.

(17) Lisa Benjamin, "The Responsibilities of Carbon Major Companies: Are They (and Is the Law) Doing Enough?", *Transnational Environmental Law*, (2016), 353.

(18) Ludwig Freund, "Responsibility−Definitions, Distinctions, and Applications in Various Contexts", in Carl J. Friedrich (ed.), *Responsibility Nomos* Ⅲ, The Liberal Arts Press, 1960.

(19) Jacqueline Peel, "Re−evaluating the Principles of Common But Differentiated Responsibilities in Transnational Climate Change Law", *Transnational Environmental Law*, (2016), 245.

(20) J. Roland Pennock, "The Problem of Responsibility", in Carl J. Friedrich (ed.), *Responsibility Nomos* Ⅲ, The Liberal Arts Press, 1960.

(21) Janusz Gilas, "International Economic Equity", *Polish Yearbook of International Law*, (1985), 79.

(22) Jutta Brunné, "Common Areas, Common Heritage, and Common Concern", in Daniel Bodansky, Jutta Brunné & Ellen Hey (eds.), *Oxford Handbook of International Environmental Law*, Oxford University Press, 2007.

(23) Jutta Brunné, "The Global Climate Regime: Wither Common Concern?", in Liber Amicorum & Rüdiger Wolfrum (eds.), *Coexistence, Cooperation and Solidarity*, Martinus Nijhoff Publishers, 2012.

(24) Karin Mickelson, "South, North, International Environmental Law, and International Environmental Lawyers", *Yearbook of International Environmental Law*, (2000), 52.

(25) Karl Zamanek, "State Responsibility and Liability", in Winfried Lang,

Hanspeter Neuhold & Karl Zamaek (eds.) , *Environmental Protection and International Law*, Graham & Trotman Limited, 1991.

(26) Mamadou Hébié, "Principle 6: Special Situation of Developing Countries", in Jorge E. Vinuales (ed.) , *The Rio Declaration on Environment and Development: A Commentary*, Oxford University Press, 2015.

(27) Margaret White, "Equity-A General Principle of Law Recognised by Civilised Nations?", *Queensland University Technology Law and Just Journal*, (2004) , pp. 103~116.

(28) Maria Antonia Tigre, "Cooperation for Climate Mitigation in Amazonia: Brazil's Emerging Role as a Regional Leader", *Transnational Environmental Law*, (2016) , 401.

(29) M. W. Janis, "The Ambiguity of Equity in International Law", *Brooklyn Journal of International Law*, (1983) , 28.

(30) Oscar Schachter, "Sharing the World's Resources", in Richard Falk, Friedrich Kratochwil & Saul H. Mendlvitz (eds.) , *International Law: A Contemporary Perspective*, Westview Press, 1985.

(31) Patrícia Galvão Ferreira, "Common But Differentiated Responsibilities' in the National Courts: Lessons from Urgenda v. The Netherlands", *Transnational Environmental Law*, (2016) , 329.

(32) Paula Castro, "Common but Differentiated Responsibilities Beyond the Nation State: How Is Differential Treatment Addressed in Transnational Climate Governance Initiatives?", *Transnational Environmental Law*, (2016) , 379.

(33) Paul G. Harris, "Common but Differentiated Responsibility: the Kyoto Protocol and United States Policy", *N. Y. U. Environmental Law Journal*, (1999) , 27.

(34) Philippe Cullet, "Differential Treatment in Environmental Law: Addressing Critiques and Conceptualizing the Next Steps", *Transnational Environmental Law*, (2016) , 305.

(35) Philippe Cullet, "Differential Treatment in International Law: Towards a New Paradigm of Inter-State Relations", *European Journal of International*

Law, (1999), 549.

(36) Pierre-Marie Duputy, "Soft Law and the International Law of the Environment", *Michigan Journal of International Law*, (1991), 424.

(37) R. P. Anand, "A NIEO for Sustainable Development", in Najib Al-Nauimi & Richard Meese (eds.), *International Legal Issues Arising Under the United Nations Decade of International Law*, Martinus Nijhoff Publishers, 1995.

(38) Richard McKeon, "The Development and the Significance of the Concept of Responsibility", *Revue Internationale de Philosophie*, (1956), 5.

(39) Robin R. Churchill & Geir Ulfstein, "Autonomous Institutional Arrangements in Multilateral Environmental Agreements: A Little-Notices Phenomenon on International Law", *American Journal of International Law*, (2000), pp. 623~659.

(40) Sandrine Maljean-Dubois, "The Paris Agreement: A New Step in the Gradual Evolution of Differential Treatment in the Climate Regime", *Review of European Community & International Environmental Law*, (2016), 151.

(41) Sébastien Jodoin, Sarah Mason-Case, "What Difference Does CBDR Make? A Social-Legal Analysis of the Role of Differentiation in the Transnational Legal Process for REDD+", *Transnational Environmental Law*, (2016), 255.

(42) S. K. Chattopadhyay, "Equity in International Law: Its Growth and Development", *Georgia Journal of International and Comparative Law*, (1975), 390.

(43) Werner Scholtz, "Different Countries, one environment: A critical Southern discourse on the common but differentiated responsibilities principle", *South African Yearbook of International Law*, (2008), 113.

2. 中文

(1) 梅凤乔："论共同但有区别的责任原则"，北京大学 2000 年博士学位论文。

(2) 陈贻健："共同但有区别责任原则的演变及我国的应对——以后京都进程为视角"，载《法商研究》2013 年第 4 期。

三、其他文献

（一）网络信息

1. 英文

（1）Jos G. J. Oliver, Greet Janssens-Maenhout（eds.），"Trends in Global CO2 emissions：2016 report"，in http：//www. pbl. nl/sites/default/files/cms/publicaties/pbl-2016-trends-in-global-co2-emisions-2016-report-2315. pdf，最后访问日期：2017 年 6 月 24 日。

（2）Meinhard Doelle，"The Paris Agreement：Historic Breakthrough or High Stakes Experiment?"，in http：//ssrn. com/abstract = 2708148，最后访问日期：2017 年 6 月 28 日。

（3）Pieter Pauw, Steffen Bauer, Carmen Richerzhagen（eds.），"Different perspectives on differentiated responsibilities：a state-of-the-art review of the notion of common but differentiated responsibilities in international negotiations"，Discussion Paper 6/2004，Bonn：Deutsches Institut für Entwicklungspolitik（DIE），in http：//www. die-gdi. de/uploads/media/DP_6. 2014. pdf，最后访问日期：2017 年 3 月 14 日。

（4）Kennedy Liti Mbeva, Pieter Pauw，"Self-differentiation of countries' responsibilities：addressing climate change through intended nationally determined contributions"，Discussion Paper 4/2016，Bonn：Deutsches Institut für Entwicklungspolitik（DIE），in http：//www. die-gdi. de/uploads/media/DP_4. 2016. pdf，最后访问日期：2017 年 3 月 14 日。

（5）United Nations Conference on Trade and Development，"UNCTAD Handbook of Statistics-2016"，in http：//unctad. org/en/PublicationsLibrary/tdstat41_en. pdf，最后访问日期：2017 年 6 月 30 日。

2. 中文

（1）"中国气候变化谈判特别代表举行吹风会谈相关立场"，载 http：//www. ccchina. gov. cn/Detail. aspx? newsId = 28254&TId = 61，最后访问日期：2017 年 6 月 9 日。

（2）"中国代表团团长刘江部长于 1999 年在气候变化公约第五届缔约方会议上的发言"，载 http://www. ccchina. gov. cn/Detail. aspx？newsId = 28205&TId = 61，最后访问日期：2017 年 6 月 9 日。

（3）"中国代表团团长刘江部长于 2000 年在气候变化公约第六次缔约方会议上的发言"，载 http://www. ccchina. gov. cn/Detail. aspx？newsId = 28204&TId = 61，最后访问日期：2017 年 6 月 9 日。

（4）"中国代表团团长、国家计委副主任刘江于 2001 年在气候变化公约第七次缔约方会议上的发言"，载 http://www. ccchina. gov. cn/Detail. aspx？newsId = 28203&TId = 61，最后访问日期：2017 年 6 月 9 日。

（5）"中国代表团副团长高风在气候变化公约第八次缔约方大会上的讲话（2002. 10. 23）"，载 http://www. ccchina. gov. cn/Detail. aspx？newsId = 28201&TId = 61，最后访问日期：2017 年 6 月 9 日。

（6）"中国代表团团长姜伟新在气候变化公约第八次缔约方会议部长级圆桌会议的发言要点（回顾议题）（2002. 10. 30）"，载 http://www. ccchina. gov. cn/Detail. aspx？newsId = 28200&TId = 61，最后访问日期：2017 年 6 月 9 日。

（7）"中国代表团团长刘江在气候变化公约第九次缔约方会议部长级圆桌会的发言（2003. 12. 22）"，载 http://www. ccchina. gov. cn/Detail. aspx？newsId = 28178&TId = 61，最后访问日期：2017 年 6 月 9 日。

（8）"中国代表团团长刘江在气候变化公约第十次缔约方会议部长级会议的发言"，载 http://www. ccchina. gov. cn/Detail. aspx？newsId = 28167&TId = 61，最后访问日期：2017 年 6 月 9 日。

（9）"外交部武大伟副部长在'庆祝《京都议定书》生效高层研讨会'上的讲话"，载 http://www. ccchina. gov. cn/Detail. aspx？newsId = 28248&TId = 61，最后访问日期：2017 年 6 月 9 日。

（10）"中国代表团团长姜伟新在公约第十二次缔约方会议部长级会议的发言"，载 http://www. ccchina. gov. cn/Detail. aspx？newsId = 28239&TId = 61，最后访问日期：2017 年 6 月 9 日。

（11）"中国国家发展和改革委副主任解振华在'G8+5'环境部长会议关于气候变化问题的发言"，载 http://www. ccchina. gov. cn/Detail.

aspx？newsId＝28240&TId＝61，最后访问日期：2017 年 6 月 9 日。

（12）"胡锦涛在 G8 与五国领导人对话会的书面讲话（全文）（2005.07.
12）"，载 http：//www. ccchina. gov. cn/Detail. aspx？newsId＝28241&
TId＝61，最后访问日期：2017 年 6 月 9 日。

（13）"杨洁篪在联合国阐述中国应对气候变化措施和成效"，载 http：//
www. ccchina. gov. cn/Detail. aspx？newsId＝28245&TId＝61，最后访问
日期：2017 年 6 月 9 日。

（14）"国家发展改革委副主任解振华在气候变化与科技创新国际论坛开幕
式 上 的 讲 话"，载 http：//www. ccchina. gov. cn/WebSite/CCChina/
UpFile/File251. pdf，最后访问日期：2017 年 6 月 9 日。

（15）"胡锦涛在经济大国能源安全和气候变化会议上的讲话"，载 http：//
www. ccchina. gov. cn/Detail. aspx？newsId＝28263&TId＝61，最后访问
日期：2017 年 6 月 9 日。

（16）"解振华副主任在'共同愿景'部长级圆桌会上的发言"，载 http：//
www. ccchina. gov. cn/Detail. aspx？newsId＝28301&TId＝61，最后访问
日期：2017 年 6 月 9 日。

（17）"解振华副主任在'中澳气候变化峰会'上的主题演讲"，载 http：//
www. ccchina. gov. cn/WebSite/CCChina/UpFile/File409. pdf，最后访问
日期：2017 年 6 月 9 日。

（18）"我国提出应对气候变化四原则"，载 http：//www. ccchina. gov. cn/
Detail. aspx？newsId＝28288&TId＝61，最后访问日期：2017 年 6 月
9 日。

（19）"国务院申明我国应对气候变化的基本立场"，载 http：//www. ccchi-
na. gov. cn/Detail. aspx？newsId＝28299&TId＝61，最后访问日期：
2017 年 6 月 9 日。

（20）"'基础四国'第五次气候变化部长级会议联合声明"，载 http：//
www. ccchina. gov. cn/Detail. aspx？newsId＝28345&TId＝61，最后访问
日期：2017 年 6 月 9 日。

（21）"'基础四国'第九次气候变化部长级会议联合声明"，载 http：//
www. ccchina. gov. cn/Detail. aspx？newsId＝28362&TId＝61，最后访问

日期：2017 年 6 月 9 日。

（22）"发改委介绍中国政府应对气候变化有关情况及国际谈判基本立场"，载 http://www. ccchina. gov. cn/Detail. aspx？ newsId = 28365&TId = 61，最后访问日期：2017 年 6 月 9 日。

（23）解振华："气候变化国际谈判应坚持三条原则"，载 http://www. ccchina. gov. cn/Detail. aspx？ newsId = 28393&TId = 61，最后访问日期：2017 年 6 月 9 日。

（24）"中国将根据自己的国情为全球气候变化做出应有的贡献"，载 http://www. ccchina. gov. cn/Detail. aspx？ newsId = 49528&TId = 61，最后访问日期：2017 年 6 月 9 日。

（25）"中国代表团团长解振华与联合国秘书长潘基文会谈　阐述基本立场"，载 http://www. ccchina. gov. cn/Detail. aspx？ newsId = 49999&TId = 61，最后访问日期：2017 年 6 月 9 日。

（26）"第二十一次'基础四国'气候变化部长级会议联合声明"，载 http://www. ccchina. gov. cn/Detail. aspx？ newsId = 56546&TId = 61，最后访问日期：2017 年 6 月 9 日。

（27）"中国气候谈判首席代表苏伟详解巴黎气候变化大会议程"，载 http://www. ccchina. gov. cn/Detail. aspx？ newsId = 57211&TId = 61，最后访问日期：2017 年 6 月 9 日。

（28）"第二十四次'基础四国'气候变化部长级会议联合声明"，载 http://www. ccchina. gov. cn/Detail. aspx？ newsId = 67246&TId = 61 ，最后访问日期：2017 年 6 月 9 日。

（29）中华人民共和国国家发展和改革委员会：《强化应对气候变化行动——中国国家自主贡献》，载《联合国气候变化框架公约》官方网站，http://www4. unfccc. int/Submissions/INDC/Published% 20Documents/China/1/China's% 20INDC% 20 -% 20on% 2030% 20June% 202015. pdf，最后访问日期：2017 年 6 月 11 日。

（30）"第二十六次'基础四国'气候变化部长级会议在南非德班举行"，载 www. ccchina. org. cn/Detail. aspx？ newsId = 70472&TId = 66 ，最后访问日期：2019 年 12 月 1 日。

（31） "第 28 次基础四国气候变化部长级会议在巴西举行并发布联合声明"，载 www. ccchina. org. cn/Detail. aspx？ newsId = 72208&TId = 66，最后访问日期：2019 年 12 月 11 日。

（32）"金砖国家领导人第十一次会晤巴西利亚宣言"，载 www. ccchi-na. org. cn/Detail. aspx？ newsId = 72626&TId = 66，最后访问日期：2021 年 4 月 1 日。

（33）"全文｜中法生物多样性保护和气候变化北京倡议"，载 www. ccchi-na. org. cn/Detail. aspx？ newsId = 72588&TId = 66，最后访问日期：2021 年 4 月 1 日。

（二）数据库

1. 英文

（1）European Commission−Emission Database for Global Atmospheric Research：http://edgar. jrc. ec. europa. eu.

（2）HeinOnline：http://heinonline. org/HOL/Welcome.

（3）Max Planck Encyclopedia of Public International Law：http://opil. ouplaw. com/home/EPIL.

2. 中文

（1）北大法宝（V5 版）：http://www. pkulaw. cn/.

（2）中国知网：http://www. cnki. net/.

附　录

附录 A　1992 年《联合国气候变化框架公约》中"共同但有区别责任"相关条款体现

该公约于 1992 年 5 月 9 日通过，1994 年 3 月 21 日生效　中国于 1992 年 11 月加入			
体现方面	条款	文本内容	主体
一般阐述	序言第 6 段	气候变化的全球性特点要求所有国家根据共同但有区别责任和各自的能力及其社会和经济条件，尽可能开展最广泛合作，并以有效和恰当的方式参与国际应对行动。	所有缔约方
	序言第 21 段	以统筹兼顾的方式将应付气候变化行动与社会经济发展协调起来，以免后者受到不利影响，同时充分考虑发展中国家实现经济持续增长及消除贫困的优先需要。	所有缔约方
	第 3 条第 1 款	各缔约方应在公平基础上，并根据共同但有区别责任和各自能力……因此，发达国家缔约方应率先应对气候变化及不利影响。	所有缔约方 & 发达国家/发展中国家

续表

体现方面	条款	文本内容	主体
一般阐述	第3条第2款	应充分考虑发展中国家缔约方尤其是特别易受气候变化不利影响发展中国家缔约方的具体需要和特殊情况，也应充分考虑按本公约必须承担不成比例或不正常负担的缔约方特别是发展中国家缔约方的具体需要和特殊情况。	发达国家/发展中国家
	第3条第4款	保护气候系统免遭人为变化的政策和措施应适合每个缔约方的具体情况，并应当和国家发展计划相结合，同时考虑经济发展对应对措施的至关重要性。	所有缔约方
承诺	第4条第1段	所有缔约方，考虑到它们共同但有区别责任，以及各自具体的国家和区域优先顺序、目标和情况……	所有缔约方
	第4条第7款	发展中国家缔约方能在多大程度上有效履行公约的承诺，取决于发达国家缔约方是否有效履行公约规定的资金和技术转让的承诺，并充分考虑到经济和社会发展及消除贫困是发展中国家缔约方的首要和最优先事项。	发达国家/发展中国家
	第4条第10款	缔约方在履行公约各项承诺时，应考虑因执行应对气候变化措施引起经济不利影响的缔约方，特别是发展中国家的情况……	所有缔约方
资金	第4条第3款	附件二发达国家缔约方和其他发达缔约方应提供新的和额外的资金……它们还应提供发展中国家缔约方所需的资金，包括用于技术转让的资金…	发达国家/发展中国家

体现方面	条款	文本内容	主体
资金	第4条第4款	附件二发达国家缔约方和其他发达缔约方还应帮助特别易受气候变化不利影响的发展中国家支付适应气候变化不利影响的费用。	发达国家/发展中国家
技术	第4条第5款	附件二发达国家缔约方和其他发达缔约方应采取一切实际可行步骤，酌情促进、便利和资助向其他缔约方特别是发展中国家缔约方转让或使它们有机会获得无害环境技术和专有技术，以使其能履行本公约各项规定。发达国家缔约方应支持开发和增强发展中国家缔约方的自生能力和技术。	发达国家/发展中国家
	第4条第8款	各缔约方应充分考虑按照公约需要采取哪些行动，包括与提供资金、保险和技术转让有关的行动，以满足发展中国家缔约方因气候变化不利影响和/或执行应对措施所造成的影响，特别是关注下列国家〔1〕的具体需要。	所有缔约方
	第4条第9款	各缔约方在采取有关提供资金和技术转让的行动时，应充分考虑到最不发达国家的具体需要和特殊情况。	所有缔约方
科学	第5条第c项	各缔约方应考虑发展中国家的特殊关注和需要，并开展合作提高它们参与研究和系统观测等自生能力。	所有缔约方

〔1〕　这类国家包括：（1）小岛屿国家；（2）有低洼沿海地区的国家；（3）有干旱和半干旱地区、森林地区和容易发生森林退化地区的国家；（4）有易受自然灾害地区的国家；（5）有容易发生旱灾和沙漠化地区的国家；（6）有城市大气严重污染地区的国家；（7）有脆弱生态系统包括山区生态系统的国家；（8）其经济高度依赖于矿物燃料和相关能源密集产品的生产、加工和出口所带来的收入，和/或高度依赖于这种燃料和产品消费的国家；（9）内陆国和过境国。

续表

体现方面	条款	文本内容	主体
条约机构	第7条 第2款	缔约方会议应：（b）促进和便利各缔约方为应对气候变化及其影响而采取的措施进行信息交流，同时考虑到各缔约方不同的情况、责任和能力以及各自在本公约下的承诺。	所有缔约方

＊图表来源：作者汇编

附录B 1997年《〈联合国气候变化框架公约〉京都议定书》中"共同但有区别责任"一般表述

该议定书于1997年12月11日通过，2005年2月16日生效；（该议定书"多哈修正案"于2012年12月8日通过，尚未生效）中国于1998年5月29日签署，2002年8月30日批准；（中国于2014年6月2日批准该议定书"多哈修正案"）	

体现方面	条款	文本内容	主体
一般阐述	第2条 第3款	附件一缔约方应以下述方式努力履行本条中所指的政策和措施，即最大限度地减少各种不利影响，包括对气候变化不利影响，对国际贸易的影响，以及对其他缔约方尤其是发展中国家缔约方和《公约》第4条第8款和第9款中特别指明的那些缔约方的社会、环境和经济影响，同时考虑到《公约》第3条……	附件一 缔约方
	第2条 第4款	作为该议定书缔约方会议的《公约》缔约方会议如断定就上述第1款（a）项中所指任何政策和措施进行协调是有益的，同时考虑到不同国情和潜在影响，应就阐明协调这些政策和措施的方式和方法进行审议。	所有缔约方

体现方面	条款	文本内容	主体
承诺	第3条 第14款	附件一缔约方应以下述方式努力履行本条第1款的承诺，即最大限度减少对发展中国家缔约方，尤其是《公约》第8款和第9款所特别指明的那些缔约方不利的社会、环境和经济影响。依照《公约》缔约方会议关于履行这些条款的相关决定，作为该议定书缔约方会议的《公约》缔约方会议，应在第一届会议上审议可采取何种必要行动以尽量减少气候变化的不利后果和/或对应措施对上述条款中所指缔约方的影响……	附件一缔约方
技术	第10条	所有缔约方，考虑到它们的共同但有区别责任以及它们特殊的国家和区域发展优先顺序、目标和情况，不对未列入附件一缔约方引入任何新的承诺，但重申依《公约》第4条第1款的现有承诺并继续促进履行这些承诺以实现可持续发展的情况下，考虑到《公约》第4条第3、5和7款，应：（a）在相关并在可能范围内，制定符合成本效益的国家方案以及在适当情况下区域的方案，以改进可反映每一个缔约方社会经济状况的地方排放因素、活动数据和/或模式的质量……（c）合作促进有效方式用以开发、应用和传播与气候变化有关的有益于环境的技术、专有技术、做法和过程，并采取一切实际步骤促进、便利和酌情资助将此类技术、专有技术、做法和过程特别转让给发展中国家或使它们有机会获得，包括制定政策和方案，以便利有效转让公有或公共支配的有益于环境的技术，并为私有部门创造有利环境以促进和增进转让和获得有益于环境的技术。	所有缔约方

续表

体现方面	条款	文本内容	主体
资金	第 11 条 第 2 条	在履行《公约》第 4 条第 1 款的范围内，根据《公约》第 4 条第 3 款和第 11 条的规定，并通过受托经营《公约》资金机制的实体，《公约》附件二所列发达国家缔约方和其他发达缔约方应：（a）提供新的和额外的资金，以支付经议定的发展中国家为促进履行第 10 条（a）项所述《公约》第 4 条第 1 款（a）项规定的现有承诺而招致的全部费用；（b）并提供发展中国家缔约方所需要的资金，包括技术转让的资金，以支付经议定的为促进履行第 10 条所述依《公约》第 4 条第 1 款规定的现有承诺并经一发展中国家缔约方与《公约》第 11 条所指那个或那些国际实体根据该条议定的全部增加费用。 这些现有承诺的履行应考虑到资金流量应充足和可以预测的必要性，以及发达国家缔约方间适当分摊负担的重要性。《公约》缔约方会议相关决定中对受托经营《公约》资金机制的实体所作的指导，包括该议定书通过之前议定的那些指导，应比照适用于本款的规定。	附件二缔约方
	第 12 条 第 8 款	作为本议定书缔约方会议的《公约》缔约方会议，应确保经证明的项目活动产生的收益用于支付行政开支和协助易受气候变化不利影响的发展中国家缔约方支付适应费用。	所有缔约方

体现方面	条款	文本内容	主体
遵守机制	第 13 条 第 4 (c) 款	本议定书缔约方会议，应定期评审本议定书的履行情况，并应在权限内作出促进该议定书有效履行所必要的决定。缔约方会议应履行本议定书赋予它的职能，促进和便利就各缔约方为应对气候变化及其影响而采取的措施进行信息交流，同时考虑到缔约方有差别的情况、责任和能力，以及它们各自依该议定书规定的承诺。	所有缔约方

＊图表来源：作者汇编

附录 C　2015 年《巴黎协定》中有关"共同但有区别责任"相关条款体现

本协定于 2015 年 12 月 12 日通过，2016 年 11 月 4 日生效　中国于 2016 年 4 月 22 日签署，2016 年 9 月 3 日批准

体现方面	条款	文本内容	主体
一般阐述	序言第 3 段	为实现《公约》目标，遵循包括公平、共同但有区别责任和各自能力在内的原则，考虑不同国情；	所有缔约方
	第 2 条第 2 款	本协定的履行将体现公平及共同但有区别责任和各自能力的原则，考虑不同国情。	所有缔约方

续表

体现 方面	条款	文本内容	主体
国家 自主 贡献	第 4 条 第 2 款	各缔约方应编制、通报并保持计划实现的连续国家自主贡献。缔约方应采取国内减缓措施,以实现这种贡献的目标。	所有缔约方
	第 4 条 第 3 款	各缔约方的连续国家自主贡献将比当前的国家自主贡献有所进步,并反映尽可能大的力度,同时体现共同但有区别责任和各自能力,考虑不同国情。	所有缔约方
	第 4 条 第 8 款	所有缔约方在通报国家自主贡献时,应根据第 1. CP. 21 号决定和该协定缔约方会议的任何决定,为清晰、透明和了解而提供必要的信息。	所有缔约方
	第 4 条 第 9 款	各缔约方根据第 1. CP. 21 号决定和该协定缔约方会议的任何决定,从全球盘点的结果获取信息,每五年通报一次国家自主贡献。	所有缔约方
	第 4 条 第 13 款	缔约方应核算各自的国家自主贡献。在核算相当于各国自主贡献中人为排放量和清除量时,缔约方应根据该协定缔约方会议通过的指导,促进环境完整性、透明性、精确性、完备性、可比和一致性,确保避免双重核算。	所有缔约方
减缓	第 4 条 第 4 款	发达国家缔约方应当继续带头,努力实现全经济范围绝对减排目标。发展中国家缔约方应当继续加强减缓努力,鼓励它们根据不同的国情,逐渐转向全经济范围减排或限排目标。	发达国家/ 发展中国家
	第 4 条 第 6 款	最不发达国家和小岛屿发展中国家可编制和通报反映它们特殊情况的有关降低温室气体排放的战略、计划和行动。	最不发达国家和小岛屿发展中国家

续表

体现方面	条款	文本内容	主体
减缓	第4条第19款	所有缔约方应努力拟定并通报降低温室气体排放的长期发展战略，同时顾及共同但有区别责任和各自能力，考虑不同国情。	所有缔约方
适应	第7条第6款	缔约方认识到支持适应努力并开展适应努力方面国际合作的重要性，考虑发展中国家缔约方的需要，尤其是特别易受气候变化不利影响的发展中国家的需要的重要性。	发展中国家/发达国家
适应	第7条第10款	各缔约方应酌情定期提交和更新一项适应信息通报，其中可包括优先事项、执行支助需要、计划和行动，同时不对发展中国家缔约方造成额外负担。	发展中国家/发达国家
资金	第9条第1款	发达国家应为协助发展中国家减缓和适应两方面提供资金，以便继续履行《公约》下的现有义务。	发展中国家/发达国家
资金	第9条第3款	作为全球努力的一部分，发达国家缔约方应继续带头，从各种大量来源、手段及渠道调动气候资金，同时注意到公共资金通过采取各种行动，包括支持国家驱动战略而发挥的重要作用，并考虑发展中国家缔约方的需要和优先事项。	发达国家/发展中国家
资金	第9条第4款	提供更大规模的资金，应旨在实现适应和减缓间的平衡，同时考虑国家驱动战略及发展中国家缔约方优先事项和需要，尤其是特别易受气候变化不利影响的和受到严重的能力限制的发展中国家缔约方，如最不发达国家和小岛屿发展中国家的优先事项和需要。	最不发达国家和小岛屿发展国家

续表

体现方面	条款	文本内容	主体
资金	第9条第9款	为该协定服务的机构,包括《公约》资金机制的经营实体,应旨在通过精简审批程序和提供强化准备活动的支持,确保发展中国家缔约方,尤其是最不发达国家和小岛屿发展中国家,在国家气候战略和计划方面有效地获得资金。	最不发达国家和小岛屿发展中国家
能力建设	第11条第1款	本协定的能力建设应加强发展中国家缔约方,特别是能力最弱的国家,如最不发达国家以及特别易受气候变化不利影响的国家,如小岛屿发展中国家等能力,以便采取有效的气候变化行动,包括执行适应和减缓行动,便利技术开发、推广和部署,获得气候资金、教育、培训和公共意识方面,以及透明、及时和准确的信息通报。	最不发达国家、小岛屿发展中国家和发展中国家
	第11条第3款	所有缔约方应合作以加强发展中国家缔约方履行本协定的能力。发达国家缔约方应加强发展中国家能力建设行动的支助。	发展中国家/发达国家
	第11条第4款	所有缔约方,凡在加强发展中国家缔约方执行该协定的能力,包括采取区域、双边和多边的方式,均应定期对这些能力建设行动或措施进行通报。发展中国家缔约方应定期通报为履行该协定而落实能力建设计划、政策、行动或措施的进展情况。	发达国家/发展中国家

体现方面	条款	文本内容	主体
透明度	第 13 条 第 1 款	为建立互信和信心并促进实施的有效性，兹建立一个有关行动和资助的强化透明度框架，并内设一个灵活机制，考虑缔约方能力的不同，以集体经验为基础。	所有缔约方
	第 13 条 第 3 款	透明度框架应依托和加强在《公约》下设立的透明度安排，同时认识到最不发达国家和小岛屿发展中国家的特殊情况，以促进性、非侵入性、非惩罚性和尊重国家主权的方式实施，避免对缔约方造成不当负担。	最不发达国家和小岛屿发展中国家
	第 13 条 第 9 款	发达国家和提供资助的其他缔约方应根据第 9、10 和 11 条向发展中国家提供资金、技术转让和能力建设资助的情况提供信息。	发达国家和支助缔约方
	第 13 条 第 10 款	发展中国家缔约方应就第 9、10 和 11 条下需要和接受的资金、技术转让和能力建设资助情况提供信息。	发展中国家
	第 13 条 第 14 款	应为发展中国家履行本条（注：透明度）提供资助。	发达国家/发展中国家
	第 13 条 第 15 款	应为发展中国家缔约方建立透明度相关能力提供持续资助。	发达国家/发展中国家
遵守机制	第 15 条 第 1、 2 款	兹建立一个机制，以促进履行和遵守该协定的规定。 该协定机制应由一个以专家成员为主的委员会组成，该委员会应是促进性的，行使职能时采取透明、非对抗性的、非惩罚性的方式。委员会应特别关注缔约方各自的国家能力和情况。	所有缔约方

＊图表来源：作者汇编

附录 D 历届缔约方大会或会议报告对 "共同但有区别责任" 的表述

缔约方大会	大会起止时间与地点	文件号[1]	相关表述
COP-1	1995.03.28~1995.04.07 柏林，德国	FCCC/CP/1995/7	1. 公约附件一国家的高能耗和温室气体高排放量造成地球吸收温室气体的能力减弱，对此应负有主要、首要和特别的责任，而贫穷国家受到的损害最大且适应能力有限，再加上急需发展经济，附件一国家因此有义务充当其冲并尽最大努力应对气候变化；2. 工业化国家制定的环境标准超出一些发展中国家的经济能力；3. 在对抗温室气体的共同行动中，必须要考虑到发展中国家如何获得相关知识和技术实质转让的方法，同时最大效率的在全球范围内适用资金。作为联合履约的一部分，发达国家应该承担更大的资金责任；4. 联合履约必须是共同责任，任何发达国家不可以忽视气候保护行动。使用相关技术和知识提高大气的国际保护，应和发展中国家开展科学和技术方面的对话。

---

[1] 具体文件内容可通过文件号在 "《联合国气候变化框架公约》官方网站" 获取，参见 http://unfccc. int/documentation/documents/items/3595. php，最后访问日期：2018 年 3 月 8 日。

缔约方大会	大会起止时间与地点	文件号	相关表述
COP-1	1995.03.28~1995.04.07 柏林，德国	FCCC/CP/1995/7/Add.1	1.气候变化是全球性问题，需要所有国家进行最广泛的合作，以有效和恰当的国际方式参与应对行动，行动应依据共同但有区别责任和各自能力以及社会经济条件；2.缔约方的承诺应该考虑到各方的不同点，如现状和方法、经济结构和资源基础、维持强劲和可持续经济发展的需求、可用的技术和其他各国国情以及缔约方在全球行动中的公平需要和贡献；3.发展中国家有关可持续经济发展和消除贫困的需要是合法的；4.无论是历史和当前，发达国家是温室气体的最大排放者，而发展中国家人均排放量目前相对较低，发展中国家产生的全球温室气体排放量继续增大以满足其社会和发展需要。
COP-2	1996.07.08~1996.07.19 日内瓦，瑞士	FCCC/CP/1996/15	1.发达国家必须在应对气候变化起主导作用，考虑到缔约方共同但有区别责任。缔约方采取的措施受到各国不同国情的强烈影响；2.为了支持发展中国家履约，工业化国家应该进一步采取具体行动实现环境友好型技术的获取便利化，并提供资金支持；3.发展中国家在资金和

续表

缔约方大会	大会起止时间与地点	文件号	相关表述
COP-2	1996.07.08~1996.07.19 日内瓦，瑞士		技术资源、人力和组织能力有所欠缺。许多依赖于农业的发展中国家，尤其非洲，气候条件脆弱，面临着严峻经济条件和大量的外债。他们的优先性毫无疑问应是消除贫困、通过扩大工业化提升社会服务水平和增加就业。
		FCCC/CP/1996/15/Add.1	充分考虑发展中国家缔约方的国情和脆弱度，并铭记发展中国家对公约承诺的有效实施是否将取决于发达国家是否履行依据本公约下有关的资金和技术承诺。
COP-3	1997.12.01~1997.12.11 京都，日本	FCCC/CP/1997/7	1. 发达国家应优先承诺温室气体排放量低于1990年水平；2. 发展中国家在促进可持续发展过程中，也应采取行动解决气候变化问题，并考虑他们在本公约的共同但有区别责任和各自能力；3. 发达国家应在减缓温室气体排放方面，通过资金和技术支持加强与发展中国家的合作。
COP-6	2000.11.13~2000.11.25 海牙，荷兰	FCCC/CP/2000/5/Add.3（Vol.Ⅰ）	1. 能力建设应是国家驱动，解决发展中国家的特别需要和条件，并反映国家可持续发展策略、优先性；能力建设的具体实施应以发展中国家的优先性为基础；2. 能力建设应考虑发展中国家的特

缔约方大会	大会起止时间与地点	文件号	相关表述
			殊国情；3. 最不发达国家和小岛屿国家的特殊国情包括：（1）脆弱的生态系统；（2）人口数量压力和偏远的地理位置；（3）脆弱的经济、低收入、高贫困和欠缺外国投资；（4）土壤弱化及沙化；（5）欠发达服务，特别是有关气象、水文服务和水资源管理；（6）缺少对自然灾害管理的早期预警系统；（7）不安全的食品；
COP-6	2001.07.16~2001.07.27 波恩，德国	FCCC/CP/2001/5/Add. 1	1. 发展中国家的经济尤其依赖于化石燃料的生产、开发和使用；2. 充分考虑发展中国家，特别是受到气候变化不利影响国家的具体需要和特殊国情以及履行本公约导致的不成比例或非正常的负担情况。
		FCCC/CP/2001/5/Add. 2	附件一缔约方应根据各自国情实施国内行动，在实现公约目标的过程中，考虑到发达国家和发展中国家单位排放量的不同。
COP-7	2001.10.29~2001.11.10 马拉喀什，摩洛哥	FCCC/CP/2001/13/Add. 1	1. 对发展中国家缔约方而言，经济和社会发展与消除贫困是其首要和最优先的任务；2. 能力建设应该以发展中国家的优先性为基础，并考虑到发展中国家的特殊国情。

续表

缔约方大会	大会起止时间与地点	文件号	相关表述
COP-8	2002.10.23~2002.11.01 新德里，印度	FCCC/CP/2002/7/Add.1	1. 所有缔约方，考虑共同但有区别责任和各自能力，以及具体的国家和区域优先性、目标和情况，应继续推进实施公约下的承诺以应对气候变化及其带来的不利影响，以实现可持续发展；2. 应充分考虑到发展中国家因气候变化不利影响及实施应对措施过程中的具体需要和关切；3. 技术的获取应考虑国家的特殊情况和国情；4. 所有缔约方，考虑共同但有区别责任，应为实施公约第6条〔1〕负责。实施第6条的能力依不同国家有所不同。
		FCCC/CP/2002/7/Add.2	1. 非附件一缔约方在通报国家信息时应考虑到他们的发展优先性、目标和国情；2. 鼓励国家信息的提交应体现一致、透明和可比性、灵活性，考虑到具体国情；3. 非附件一缔约方应根据国情和发展优先性，表明减排差以及相关的资金、技术和能力需要和克服减排差的实施情况。

---

〔1〕 《联合国气候变化框架公约》第6条有关"气候变化的教育、培训和公众意识"。

缔约方大会	大会起止时间与地点	文件号	相关表述
COP-11	2005.11.28~ 2005.12.10 蒙特利尔，加拿大	FCCC/ CP/2005/ 5	受到气候变化影响最大的是最贫困国家，特别是发展中国家，他们最没有能力适应气候变化带来的影响，且对气候变化产生的根源没有责任。
		FCCC/ CP/2005/ 5/Add.1	1. 重申发展中国家缔约方的首要和最优先任务是发展经济和社会及消除贫困；2. 进一步认识到解决气候变化有多样化的路径；3. 重申应对气候变化应该和社会经济发展相协调，避免给社会经济发展带来不利影响，充分考虑发展中国家实现可持续经济增长和消除贫困的合法及优先需要；4. 要求全球环境基金为支持国家适应行动计划发展的提供资金，考虑最不发达国家的国情。
COP-12	2006.11.06~ 2006.11.17 内罗毕，肯尼亚	FCCC/ CP/2006/ 5	依据共同但有区别责任原则，温室气体排放主要大国有必要采取共同且长期的努力，并且形成一个公平的且有利于环境的后2012后应对气候变化挑战的措施。

续表

缔约方大会	大会起止时间与地点	文件号	相关表述
COP-13	2007.12.01~ 2007.12.14 巴厘岛，印度尼西亚	FCCC/ CP/2007/ 6	1. 所有缔约方应秉持共同但有区别责任原则，但意味着发展中国家和发达国家依据自己各自的能力有更多的努力；2. 公平是至关重要的。气候变化影响所有人，但并非以同样的力度影响。
		FCCC/ CP/2007/ 6/Add.1	1. 为实现公约的最终目标，依据共同但有区别责任和各自能力原则，考虑社会经济条件和其他有关因素；2. 加强气候变化减缓国内或国际行动，应考虑到：（1）所有发达缔约方应采取可测量、可报告和可证实的国家减缓承诺或行动，包括量化排放限值和减少目标。与此同时，保证国内行动和国际行动的相容性，考虑不同国情。（2）不同的路径，包括使用市场，成本与收益，促进减缓行动，铭记发达国家和发展中国家的不同国情。
COP-15	2009.12.07~ 2009.12.19 哥本哈根，丹麦	FCCC/ CP/2009/ 11/Add.1	强调气候变化是我们时代最大的挑战之一。强调国际社会有强烈的政治意愿依照共同但有区别责任和各自能力原则应对气候变化。

缔约方大会	大会起止时间与地点	文件号	相关表述
COP-16	2010.11.29~ 2010.12.10 坎昆，墨西哥	FCCC/ CP/2010/ 7/Add.1	1. 所有缔约方对长期合作行动的有着共同的愿景，依据公平为基础，根据共同但有区别责任和各自能力。该愿景指导所有缔约方的政策和行动，同时充分考虑到缔约方的不同国情；2. 发达国家应通过承担雄心勃勃的减排行动、向发展中国家缔约方提供技术、能力建设和资金；3. 所有缔约方依据坎昆适应框架的机制，考虑共同但有区别责任和各自能力，以及具体国家和区域发展优先性、目标和情况；4. 承认全球温室气体历史排放份额最多的是发达国家，由于其历史的责任，发达国家缔约方应该在应对气候变化及其不利影响方面处于领先地位。
COP-17	2011.11.28~ 2011.12.11 德班，南非	FCCC/ CP/2011/ 9/Add.1	1. 认识到公约非附件一缔约方的困难，考虑到国家能力和情况；2. 采用多样化路径（包括使用市场机会）以增强成本收益，促进减缓行动，并铭记发达国家和发展中国家不同国情。

缔约方大会	大会起止时间与地点	文件号	相关表述
COP-18	2012.11.26~2012.12.08 多哈，卡塔尔	FCCC/CP/2012/8/Add.1	1. 考虑到公约附件一中处于向市场经济转型缔约方的国家经济和社会情况，他们需要进一步用可持续和低排放方式发展经济；2. 敦促公约附件二缔约方通过多边机构，包括在全球环境机构，有关政府间国际组织，国际金融机构和其他合作机构，双边机构和私人部门或者通过进一步的安排，以尽可能的方式，向公约附件一缔约方（土耳其等经济转型国家）提供资金、技术和能力建设方面的支持。附件一国家的特殊国情被缔约大会认可，以帮助它们实施本国的气候变化政策和行动及发展它们自身的低排放发展政策或计划；3. 所有缔约方，考虑共同但有区别责任和各自能力以及具体国家或区域发展优先性、目标和情况，加强应对气候变化不利影响相关的损失和损害，并考虑到国家发展进程。
COP-18	2012.11.26~2012.12.08 多哈，卡塔尔	FCCC/CP/2012/8/Add.2	1. 气候技术中心及网络的运行……技术合作和加强技术的开发和转让、援助应按照发展中国家缔约方的要求，和他们的各自能力和国情及优先性保持一致；2. 发达国家缔约方准备首份双年报告，应考虑到他们的国情。

缔约方大会	大会起止时间与地点	文件号	相关表述
COP-19	2013. 11. 11~ 2013. 11. 23 华沙，波兰	FCCC/ CP/2013/ 10/Add. 1	缔约方向两个陆地使用和森林专家提供的技术信息应依照国情，考虑国家能力。
		FCCC/ CP/2013/ 10/Add. 2/ Rev. 1	发展中国家减缓行动中的国内测量、报告和论证应该是自愿的、实用的，非拘束和非侵入性的，考虑到国情和国家优先性，尊重国家适当减缓行动的多样性。
COP-20	2014. 12. 01~ 2014. 12. 14 巴黎，法国	FCCC/ CP/2014/ 10/Add. 1	2015 年雄心协议的承诺应反映共同但有区别责任和各自能力原则，考虑不同国情。
COP-23	2017. 11. 06~ 2017. 11. 17 波恩，德国	FCCC/ CP/2017/ Add. 1	发达国家应继续引导公共资金投入在适应活动上，并保证减缓资金和适应资金得到更好的平衡；要求公约秘书处和资金机构，联合国机构及双边、区域和其他多边机构寻求方法和路径以支持发展中国家以自身驱动的方式评估他们的需求和优先性，包括技术和能力需要，以及将气候资金的需要转换为具体的行动；邀请全球环境基金在气候变化资金第七次分配活动中，帮助发展中国家开展技术需求评估及优先向发展中国家提供技术项目机会。

续表

缔约方大会	大会起止时间与地点	文件号	相关表述
COP-24	2018.12.02~2018.12.15 卡托维兹，波兰	FCCC/CP/2018/10/Add.1	发达国家以可预测的方式进一步向发展中国家提供资金、技术和能力建设支持；发达国家争取在 2020 年前每年共同筹集 1000 亿美元，满足发展中国家的需要。
		FCCC/CP/2018/10/Add.2	应为最不发达国家的国家适应计划制定和执行过程提供支持；为反映最不发达国家的需求，应继续强化最不发达国家实的谈判技能和语言培训，支持连续制定和落实国家自主贡献、国家适应战略、加强公众宣传和技术合作以及气象与水文部门的能力等。
CMA-1	2018.12.02~2018.12.15 卡托维兹，波兰	FCCC/PA/CMA/2018/3/Add.1	向发展中国家提供支持，强化其编制、报告和核算国家自主贡献的能力；发达国家应每两年通报一次包括向发展中国家提供的公共资金水平的信息。
CMA-1	2018.12.02~2018.12.15 卡托维兹，波兰	FCCC/PA/CMA/2018/3/Add.2	技术框架应考虑到最不发达国家和小岛屿发展中国家的特殊情况；向发展中国家提供技术支持，应实现减缓和适应间平衡；透明度增强框架依照能力需要，为发展中国家提供灵活性；最不发达国家和小岛屿发展中国家可自行决定是否提交透明度相关信息；发达国家应向发展中

缔约方大会	大会起止时间与地点	文件号	相关表述
			国家提供支持以持续建设其透明度相关能力；发达国家应按照透明度模式、程序与指南，提供支助的信息，发展中国家应提供需要和接受资金、技术和能力建设援助的信息，最发达国家和小岛屿发展中国家可酌情提供信息；技术专家评审应特别注意发展中国家的国家能力和国情，且评审应注重灵活性。
COP-25	2019.12.02~ 2019.12.15 马德里，西班牙	FCCC/ CP/2019/ Add.1	公约附件二国家应提供向非附件一国家资金、技术和能力建设支持的信息，并尽可能说明提供的自愿如何有效地被用于非附件一国家在气候变化减缓与适应方面的需要，并说明已经支付和承诺支持的情况；
		FCCC/ CP/2019/ Add.2	强调发展中国家建设长期能力的重要性，包括国内扶持环境；缔约方合作加强发展中国家执行《公约》与《巴黎协定》的能力；
CMA-2	2019.12.05~ 2019.12.15 马德里，西班牙	FCCC/ PA/CMA/ 2019/6/ Add.1	资金提供应考虑发展中国家的优先事项与需求，尤其是易受到气候变化不利影响并有重大能力限制的缔约方。在避免、减少和处理气候变化损害的方法，应向发展中

续表

缔约方 大会	大会起止时间与地点	文件 号	相关表述
			国家提供技术支持；应强化 发展中国家能力建设支持的 连贯性与协调性。

＊图表来源：作者汇编

附录 E　历年中国政府有关“共同但有区别责任”原则的基本立场

年份	立场内容
1999 年	1. 发达国家应对气候变化负主要责任，而发展中国家的首要任务是发展经济和消除贫困。2. 中国在达到中等发达国家水平之前，不可能承担减排温室气体的义务，但中国政府将继续根据自己的可持续发展战略，努力减缓温室气体的排放增长率。中国将继续推动和参加国际合作。3. 发达国家应按照公约的规定提供技术转让和资金援助，以增强我国应对气候变化的能力。技术转让和资金援助问题若不按照公约第 4 条加以解决，将严重影响中国履行公约义务的程度；4. 各国应探讨符合各国国情的应对气候变化的各种途径，缔约方会议应开始探讨实现公平原则的途径，包括防止或避免发达国家与发展中国家在能源消费和温室气体排放方面现存的不公平状况的永久化问题。[1]

---

〔1〕 “中国代表团团长刘江部长于 1999 年在气候变化公约第五届缔约方会议上的发言”，载 http://www. ccchina. gov. cn/Detail. aspx？ newsId = 28205&TId = 61，最后访问日期：2017 年 6 月 9 日。

续表

年份	立场内容
2000 年	1. 气候变化问题的解决，取决于发达国家和发展中国家间真诚的合作，取决于发展中国家的经济和科技水平的提高；2. 要真诚的合作，必须在技术转让、资金援助，和发展中国家的特殊需要等议题上取得实质性进展，建立必要的保障机制，切实增强发展中国家应对气候变化的能力；3. 发达国家应表现出诚意，在向发展中国家的技术转让、资金援助方面，采取切实的行动履行他们根据公约所承担的义务；4. 自公约生效以来，广大发展中国家在本国能力范围内，已经采取了许多措施，为应对气候变化做出了贡献；5. 消除贫困，发展经济是中国的首要任务。〔1〕
2001 年	有效的资金援助和技术转让是提高发展中国家应对气候变化能力的重要条件。〔2〕
2002 年	1. 发达国家切实履行公约义务，应对气候变化应在资金、技术转让、能力建设、脆弱性、适应性等一系列问题上帮助发展中国家；〔3〕2. 公约谈判要在应对气候变化的各要素方面保持均衡进行，发展中国家的合理需要应该得到满足。由于发展中国家对气候变化比较脆弱，而适应气候变化的能力有限，应帮助发展中国家增强适应能力。〔4〕

〔1〕"中国代表团团长刘江部长于 2000 年在气候变化公约第六次缔约方会议上的发言"，载 http://www. ccchina. gov. cn/Detail. aspx? newsId = 28204&TId = 61，最后访问日期：2017 年 6 月 9 日。

〔2〕"中国代表团团长国家计委副主任刘江于 2001 年在气候变化公约第七次缔约方会议上的发言"，载 http://www. ccchina. gov. cn/Detail. aspx? newsId = 28203&TId = 61，最后访问日期：2017 年 6 月 9 日。

〔3〕"中国代表团副团长高风在气候变化公约第八次缔约方大会上的讲话"，载 http://www. ccchina. gov. cn/Detail. aspx? newsId = 28201&TId = 61，最后访问日期：2017 年 6 月 9 日。

〔4〕"中国代表团团长姜伟新在气候变化公约第八次缔约方会议部长级圆桌会议的发言要点（回顾议题）"，载 http://www. ccchina. gov. cn/Detail. aspx? newsId = 28200&TId = 61，最后访问日期：2017 年 6 月 9 日。

续表

年份	立场内容
2003 年	1. 只有发达国家带头实现温室气体减排，并在资金、技术上为发展中国家提供有效的援助；发展中国家才有可能为减缓和适应气候变化做出更多的贡献；2. 通过可持续发展对付气候变化的一个核心要素是，要求各国根据国情自主选择应对气候变化的战略和政策措施。任何脱离各国国情的气候变化战略和国际协议都是不可能成功的，也是不可能被有效地实施。[1]
2004 年	1. 适应也是应对气候变化的重要内容；2. 建立更多的适合各国国情并能充分调动各国积极性的国际合作机制，让政府和私营部门参与到应对变化的行动。[2]
2005 年	1. 发达国家真正正视温室气体排放的历史责任，继续按公约规定的"共同但有区别责任"这一重要原则率先减少温室气体排放；2. 高度重视技术开发与转让在应对气候变化方面的重要性，建立国际技术合作机制，加快向发展中国家提供和转让应对气候变化技术的步伐，提高发展中国家应对气候变化的能力；3. 在可持续发展框架下应对气候变化，发展经济、消除贫困、实现经济发展与环境保护的协调是应对气候变化的正确道路。[3]
2006 年	1. 发达国家应加大有关适应资金的投入，以帮助发展中国家提高适应气候变化的能力；2. 发达国家拥有强大的经济实力，掌握着当今最先进的清洁高效能源技术，同时

年份	立场内容
	有较长的工业化和排放历史，发达国家有能力也有责任在第二承诺期进一步加大减排力度，并真正落实对发展中国家的资金和技术转让承诺。[1]
2007 年	1. 各国国情不同，所处发展阶段不同，应对气候变化问题的具体措施也应当有所不同；2. 发达国家整体发展水平很高，经济实力强，掌握着当今主流的清洁高效能源技术。因此应在原有基础上继续加大绝对减排力度，并切实履行对发展中国家进行资金援助和技术转让的承诺；[2] 3. 国际社会在推动减缓温室气体排放的同时，要充分考虑应对已经发生的气候变化，增强发展中国家特别是小岛屿国家和最不发达国家抵御灾害性气候事件的能力；4. 坚持"共同但有区别责任"原则，这一原则既反映了不同国家经济发展水平、历史责任、当前人均排放水平上的差异，又是未来国际合作得以维系并取得进展的基础；5. 现阶段对发展中国家提出强制性减排要求是不合适的。发展中国家也应该在力所能及的范围内，根据自身情况采取措施，为促进全球可持续发展作出积极贡献；6. 国际社会应该本着尊重历史、立足现在、着眼未来的精神。要加强研发和推广高效利用化石燃料技术、节能技术、环保技术、可再生能源技术等，并使广大发展中国家买得起、用得上这些技术。[3] 7. 气候变化协议应该尊重不同国情和

〔1〕 "中国代表团团长姜伟新在公约第十二次缔约方会议部长级会议的发言"，载 http：//www. ccchina. gov. cn/Detail. aspx？newsId＝28239&TId＝61，最后访问日期：2017 年 6 月 9 日。

〔2〕 "中国国家发展和改革委副主任解振华在'G8+5'环境部长会议关于气候变化问题的发言"，载 http：//www. ccchina. gov. cn/Detail. aspx？newsId＝28240&TId＝61，最后访问日期：2017 年 6 月 9 日。

〔3〕 "胡锦涛在 G8 与五国领导人对话会的书面讲话（全文）"，载 http：//www. ccchina. gov. cn/Detail. aspx？newsId＝28241&TId＝61，最后访问日期：2017 年 6 月 9 日。

年份	立场内容
	能力，反映不同国家在经济和社会条件的不同。[1] 8. 坚持"共同但有区别责任"原则，发达国家应完成《京都议定书》确定的减排指标，帮助发展中国家提高应对气候变化的能力，并在 2012 年后继续率先减排，发展中国家也应根据自身国情并在力所能及的范围内，采取积极措施，尽力控制温室气体排放增长速度。应重视加强对发展中国家的资金援助和技术转让。中国将根据公约和议定书，本着"共同但有区别责任"原则，承担应有的国际责任和义务，为气候变化国际合作做出更大的贡献。中国还愿继续在力所能及的范围内，帮助非洲和小岛屿发展中国家提高适应气候变化的能力。[2] 9. "共同但有区别责任"包括两个含义：首先，应当气候变化是全人类的共同责任，不分发达国家和发展中国家，只要是国际社会的成员，就都有责任为应对气候变化作出贡献，所以责任是共同的。同时，责任是有区别的，这也包括两个方面：一个是历史责任，即谁造成目前的问题；第二是各自的能力。不同国家的能力不同，因此才是有区别的责任。历史责任，现实的发展阶段和能力不同，这就决定了国际社会每一个成员在共同努力中要扮演的角色。[3]
2008 年	1. 所谓"共同"是指，无论是发达国家还是发展中国家都有责任应对气候变化；所谓"有区别"是指，由于历史累计排放不同、当前的人均排放不同、发展阶段和国情不同、能力不同，发达国家与发展中国家在应对气候变化

〔1〕 "Sydney APEC Leader's Declaration on Climate Change, Energy Security and Clean Development"（Sydney, Australia, 9 September 2007），p. 1.

〔2〕 "杨洁篪在联合国阐述中国应对气候变化措施和成效"，载 http://www. ccchina. gov. cn/Detail. aspx? newsId=28245&TId=61，最后访问日期：2017 年 6 月 9 日。

〔3〕 "中国气候变化谈判特别代表举行吹风会谈相关立场"，载 http://www. ccchina. gov. cn/Detail. aspx? newsId=28254&TId=61，最后访问日期：2017 年 6 月 9 日。

年份	立场内容
	方面应履行的责任、应承担的义务和应采取的措施是不同的；2. 减缓要求发达国家要率先大幅度量化减排，发展中国家要根据国情在可持续发展框架下采取适当的减缓行动；3. 发展中国家缺少应对气候变化的技术开发和应用能力，为了有效地解决气候变化问题，发达国家要充分认识自己应承担的责任和义务。〔1〕4. 发达国家应该严格履行《京都议定书》确定的减排目标，并切实兑现向发展中国家提供资金和技术的承诺，发展中国家要在可持续发展框架内，积极采取减缓和适应气候变化的政策措施，为应对气候变化作出力所能及的贡献；中国属于发展中国家，处于工业化、现代化的过程中，城乡、区域、经济社会发展仍不平衡，人民生活水平还不高，中国目前的中心任务是发展经济、改善民生，中国人均排放较低，人均积累排放更低，而且排放总量里很大一部分保证人民基本生活的生存排放。〔2〕5. 发达国家和发展中国家在历史责任、发展水平、发展阶段方面大不相同，因此应对气候变化的政策、目标、措施和行动也应有所区别。发达国家要对其历史排放和当前高人均排放承担责任，要切实履行其在公约和议定书下的义务，要改变不可持续的生活方式，要继续率先大幅度量化减排，要给发展中国家提供"可测量、可汇报和可核实"的资金、技术和能力建设支持，使发展中国家有能力应对气候变化。发展中国家要在可持续发展的框架下，在得到发达国家可测量、可报告和可核实的资金、技术和能力建设的支持下，根据本国国情采取积

〔1〕　"国家发展改革委副主任解振华在气候变化与科技创新国际论坛开幕式上的讲话"，载 http://www.ccchina.gov.cn/WebSite/CCChina/UpFile/File251.pdf，最后访问日期：2017 年 6 月 9 日。

〔2〕　"胡锦涛同志在经济大国能源安全和气候变化会议上的讲话"，载 http://www.ccchina.gov.cn/Detail.aspx? newsId=28263&TId=61，最后访问日期：2017 年 6 月 9 日。

续表

年份	立场内容
	极地应对气候变化行动。[1] 6.所谓"共同",是指各国都要积极应对气候变化,所谓"区别",是指由于各国历史累计排放不同,当前的人均排放不同,发展阶段和国情、能力各不相同,因此各国应对气候变化的责任、义务和措施也各不相同。国际社会应当平衡地对待适应和减缓问题,并切实帮助发展中国家提高适应能力,特别是考虑最不发达国家和小岛国在适应问题上的特殊关切,并向它们提供特殊的帮助。[2]
2009年	1.对发展中国家而言,只有发展经济才能更有效地应对气候变化,也只有走低碳发展之路,积极减缓和适应气候变化,才能最终实现经济和社会的可持续发展。要坚持技术和资金同举并重的原则来应对气候变化。发达国家应率先大幅度量化减排,发展中国家要根据国情,在可持续发展的框架下,采取适当的减缓行动。由于广大发展中国家经济发展水平相对较低,应对气候变化能力有限,受气候变化不利影响更为严重,国际社会必须平等对待适应问题和减缓问题。[3] 2.发达国家切实兑现向发展中国家提供资金、技术转让和能力建设支持的承诺,并作出相应的机制安排。发展中国家在可持续发展的框架下,在发达国家技术、资金和能力建设的支持下,根据本国国情采取适当的适应和减缓气候变化的行动。中国将在公约和议定书的基础上,按照巴厘路线图的要求,从国情和实际出发,承担与我国发展阶段,应负责任和实际能力相称的国际义务,

---

〔1〕 "解振华副主任在'共同愿景'部长级圆桌会上的发言",载 http://www.ccchina.gov.cn/Detail.aspx? newsId=28301&TId=61,最后访问日期:2017年6月9日。

〔2〕 "解振华副主任在'中澳气候变化峰会'上的主题演讲",载 http://www.ccchina.gov.cn/WebSite/CCChina/UpFile/File409.pdf,最后访问日期:2017年6月9日)。

〔3〕 "我国提出应对气候变化四原则",载 http://www.ccchina.gov.cn/Detail.aspx? newsId=28288&TId=61,最后访问日期:2017年6月9日。

年份	立场内容
	实施强有力的国内政策、措施和行动，为保护全球气候作出应有贡献。[1]
2010 年	1. 发达国家的减排承诺与发展中国家国内适当减缓行动在性质和内容上有显著区别；2. 铭记经济社会发展及消除贫困是发展中国家的首要的和优先任务；3. 必须要考虑发达国家的历史责任、发展中国家实现可持续发展所需的空间和时间，以及发达国家向发展中国家提供充分的资金、技术和能力建设支持的需要。[2]
2011 年	1. 可持续发展和消除贫困仍是发展中国家的紧迫挑战和压倒一切的优先任务。发达国家应根据科学的要求，按照公平和"共同但有区别责任"原则以及各自能力，担负历史责任，承担雄心勃勃的和强有力的减缓承诺；2. 适应是发展中国家最紧迫的任务。适应委员会应根据发展中国家的需要和缔约方驱动原则，帮助发展中国家制定适应政策和规划，实施适应行动。[3] 3. 发展中国家按照要求也应该在公约下，在得到资金技术的前提下做出自主减排的承诺。[4]
2012 年	气候变化问题主要是发达国家在工业化过程中不节制排放温室气体的后果，发达国家负有历史责任；发达国家不仅应大幅度地削减排放量，还应向发展中国家提供资金、技术和能力建设等帮助。同时发展中国家也应走绿色低碳的

〔1〕 "国务院申明我国应对气候变化的基本立场"，载 http://www. ccchina. gov. cn/Detail. aspx? newsId＝28299&TId＝61，最后访问日期：2017 年 6 月 9 日。

〔2〕 "'基础四国'第五次气候变化部长级会议联合声明"，载 http://www. ccchina. gov. cn/Detail. aspx? newsId＝28345&TId＝61，最后访问日期：2017 年 6 月 9 日。

〔3〕 "'基础四国'第九次气候变化部长级会议联合声明"，载 http://www. ccchina. gov. cn/Detail. aspx? newsId＝28362&TId＝61，最后访问日期：2017 年 6 月 9 日。

〔4〕 "发改委介绍中国政府应对气候变化有关情况及国际谈判基本立场"，载 http://www. ccchina. gov. cn/Detail. aspx? newsId＝28365&TId＝61，最后访问日期：2017 年 6 月 9 日。

续表

年份	立场内容
	发展道路，避免重复发达国家在工业化过程中的错误。但那些要求"发展中国家承担超越发展节奏，与国情和应付责任不相称的减排义务是不公平也不现实的"。[1]
2014 年	1. 2020 年后，发达国家和发展中国家无论在国情、发展阶段和实际能力方面依然有很大的差距，这也是为什么还要继续坚持"共同但有区别责任"原则。发达国家还应当按照公约的原则、公约的规定继续大幅度率先减排，同时向发展中国家提供资金、技术和能力建设方面的支持，要起到带头的作用。发展中国家 2020 年后也要采取积极的行动来推进可持续发展，在发达国家资金、技术和能力建设的支持下，考虑到本国的国情，进一步加强减缓、适应气候变化的相关行动和措施，提高自身抵御气候不利影响的能力。中国也将根据自身国情、发展阶段和应尽义务，承担相应的国际责任。[2] 2. 国家自主决定的贡献范围应全面覆盖减缓、适应、资金、技术、能力建设等各个要素。[3]
2015 年	1. 发达国家必须在 2020 年后发挥带头作用，承诺和实施有力度的、全经济范围的绝对量化减排目标，而发展中国家将加强它们不同类型的减缓努力；[4] 2. 气候变化问题是发达国家在过去 200 年的工业化期间，大量排放温室气

---

〔1〕 "解振华：气候变化国际谈判应坚持三条原则"，载 http://www.ccchina.gov.cn/Detail.aspx? newsId=28393&TId=61，最后访问日期：2017 年 6 月 9 日。

〔2〕 "中国将根据自己的国情为全球气候变化作出应有的贡献"，载 http://www.ccchina.gov.cn/Detail.aspx? newsId=49528&TId=61，最后访问日期：2017 年 6 月 9 日。

〔3〕 "中国代表团团长解振华与联合国秘书长潘基文会谈 阐述基本立场"，载 http://www.ccchina.gov.cn/Detail.aspx? newsId=49999&TId=61，最后访问日期：2017 年 6 月 9 日。

〔4〕 "第二十一次'基础四国'气候变化部长级会议联合声明"，载 http://www.ccchina.gov.cn/Detail.aspx? newsId=56546&TId=61，最后访问日期：2017 年 6 月 9 日。

年份	立场内容
	体造成的，这是发达国家的历史责任，公约也正是因此确定了"共同但有区别责任"原则。减排问题上，不能简单地把发达国家和发展中国家相对比。中国目前的碳排放总量较大，但是相对于发达国家的人均排放水平还有很大差距，和发达国家工业化的高峰时期相比差距甚至更大，这说明了"共同但有区别责任"原则的合理性。中国同时也重视"共同的责任"，发展中国家也要根据自己的国情、能力和发展阶段，尽可能地为应对气候变化作贡献。[1]
2017 年	1.《巴黎协定》实施相关工作的成果应体现"有区别"、各方贡献由国家自主决定以及为发展中国家提供灵活性；2. 发达国家 2020 后继续履行在其公约下现有义务，为协助发展中国家减缓和适应两方面提供资金；3. 发达国家重审并提高全经济范围量化减排目标以及落实并加强向发展中国家提供资金、技术和能力建设支持。[2] 4. 在推进国际环境治理合作，坚持"共同但有区别责任"原则，帮助发展中国家稳步提高环境治理水平和可持续发展能力。[3]
2018 年	1. 落实《巴黎协定》，遵守"共同但有区别的责任"、公平和各自能力原则。发达国家应兑现到 2020 年每年筹集1000 亿美元资金的承诺，向发展中国家转让先进技术，帮助他们提高应对气候变化和可持续发展的能力。[4]

---

〔1〕 "中国气候谈判首席代表苏伟详解巴黎气候变化大会议程"，载 http://www. ccchina. gov. cn/Detail. aspx? newsId＝57211&TId＝61，最后访问日期：2017 年 6 月 9 日。

〔2〕 "第二十四次'基础四国'气候变化部长级会议联合声明"，载 http://www. ccchina. gov. cn/Detail. aspx? newsId＝67246&TId＝61，最后访问日期：2017 年 6 月 9 日。

〔3〕 "王毅部长在《世界环境公约》主题峰会上的发言"，载 http://www. fm-prc. gov. cn/web/wjb_ 673085/zzjg_ 673183/tyfls_ 674667/xwlb_ 674669/t1497787. shtml，最后访问日期：2017 年 10 月 10 日。

〔4〕 "王毅出席气候变化问题高级别非正式对话"，载 www. ccchina. org. cn/Detail. aspx? newsId＝70809&TId＝66，最后访问日期：2021 年 3 月 1 日。

续表

年份	立场内容
	2. 在气候资金问题上，发达国家应继续履行公约规定的义务。缔约方会议应考虑发展中国家的需要和优先事项。[1]
2019 年	致力于遵循公平、共同但有区别的责任和各自能力，考虑不同国情，承认发展中国家需求和特殊情况，发达国家根据其历史责任并履行其资金承诺。[2]
2020 年	中国作为最大的发展中国家，始终坚定落实"共同但有区别的责任"原则、公平原则、各自能力原则。[3]
2021 年	以公平、共同但有区别的责任和各自能力原则，考虑不同国情，以及《巴黎协定》下贡献的渐进性和国家自主决定特性；同时，认识到发达国家和发展中国家间的不同能力和历史责任；发达国家应向发展中国家提供新的、额外的、持续的、可预测的、充足的和及时的资金支持，以及技术开发与转让和能力建设支持。[4]

* 图表来源：作者汇编

---

〔1〕 "中欧领导人气候变化和清洁能源联合声明"，载 www. ccchina. org. cn/ Detail. aspx？ newsId＝70614&TId＝66，最后访问日期：2021 年 3 月 1 日。

〔2〕 "第 28 次基础四国气候变化部长级会议在巴西举行并发布联合声明"，载 www. ccchina. org. cn/Detail. aspx？ newsId＝72208&TId＝66，最后访问日期：2021 年 3 月 1 日。

〔3〕 "'基础四国'部长呼吁：进一步加强合作，共同应对气候变化"，载 www. ccchina. org. cn/Detail. aspx？ newsId＝72514&TId＝66，最后访问日期：2021 年 3 月 1 日。

〔4〕 "第三十次'基础四国'气候变化部长级会议联合声明"，载 www. ccchina. org. cn/Detail. aspx？ newsId＝73768&TId＝58"％20title＝" 第三十次 "基础四国" 气候变化部长级会议联合声明，最后访问日期：2021 年 5 月 1 日。

附录 F　现有气候变化条约内机构结构图

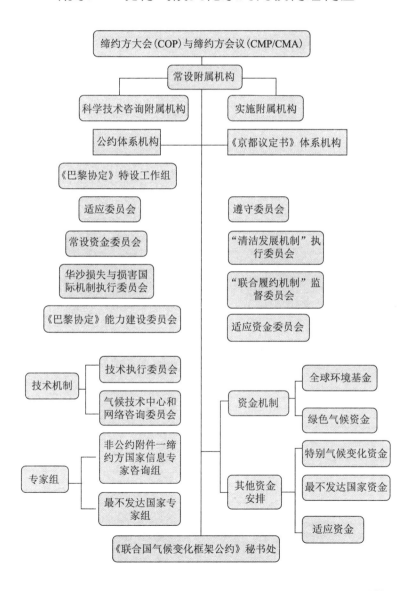